언어의 이해

정일영 지음

신아사

글을 쓰면서

이 책은 언어를 다양한 시각에서 분석함으로써 언어에 대한 이론적이면서 실용적인 면들을 이해하고자 하는데 그 목적이 있다. 언어에 관한 연구는 인류학의 발전과 더불어 아직도 활발히 진행되고 있으며 많은 언어학자들의 뜨거운 토론의 주제 중 하나이다.

언어를 연구하는 방식은 언어학에 속하는 다양한 이론들에 따라 달라질 수 있지만 최근에는 언어가 인간의 본유적 특성 중에 하나로서 단순한 의사소통이나 전달 수단을 넘어 그 이상의 기능을 하는 것이라는 언어 자체의 기본적인 개념에 바탕을 두고 있다. 그러나 언어가 매우 흥미로운 관심의 대상임에도 불구하고 교육적 차원에서는 현실적으로 큰 어려움을 겪고 있는 것 또한 사실이다. 특히 우리나라의 많은 대학에서 언어에 대한 근본적인 이해를 돕게 해 주는 강좌들이 개설되어 있지만 실효성면에서는 그다지 큰 효과를 얻지 못하고 있다. 이에 대한 여러 가지 이유가 있겠지만 그 중 하나로 지나치게 전문적이고 단면적인 학습 방법의 문제를 들 수 있다. 구체적으로, 학생들을 대상으로 하는 교양 필수 과목 중에 하나로 설정되어 있는 언어의 이해는 강의하는 선생들이 속한 영역 (한국학, 프랑스학, 영문학 등) 의 이론을 적용시키거나 너무 구체적인 분야 (음성학, 통사론, 의미론, 형태론 등)에 치중하여 강의하는 경향이 있다. 이로 인해 언어 이론에 대한 기본적 지식이 없는 학생들에게는 너무 어렵다는 인식을 갖게 하여 학습의 효율성이 현저하게 떨어지고 있다.

이러한 점을 보완하기 위해 언어학적 이론과 실용성을 접목시킴으로써 언어에 대한 기초적 지식의 습득 뿐 아니라 실생활에 적용되는 예를 통해 학생들로 하여금 언어에 관한 관심을 유도하는 방향으로 이 책의 구성 체계를 정리하였다. 먼저 언어 발생과 기원, 언어의 특성과 기능, 언어학습 발달과정에 대해 살펴볼 텐데 이 단원을 통해 우린 언어에 관한 기초적인 지식을 얻게 될 것이다. 그리고 다음으로 언어를 연구하는 학문인 언어학 중 가장 핵심적인 내용들을 중심으로 언어를 연구하는 접근 방법에 대해 익히게 될 것이다. 그리고 마지막으로 언어학이 문학, 광고, 만화 등 실제 우리 생활에 활용되는 경우들을 실례들을 들어 알아보도록 할 것이다.

가능한 한 언어의 연구 방향 중 한 쪽으로 편중되지 않으면서 언어에 대한 이해를 돕기 위해 책을 썼지만 아직도 너무 미숙한 점이 많음을 인정하지 않을 수 없다. 그럼에도 불구하고 언어에 대한 관심을 갖는데 조그마한 도움이나마 되었으면 하는 바램이다.

목차

1

언어의 생성과정과 발생

1) 언어의 생성과정

인간이 언어를 사용할 수 있게 된 중요한 계기 중에 하나는 바로 인간의 진화론과 밀접한 관계를 갖는데 진화론적 입장에서 언어가 발생할 수 있었던 시기는 인간이 두 발로 걷기 시작한 뒤부터라고 알려져 있다. 구체적으로 오스트랄로피데쿠스[1]는 기원전 약 4백만 년과 백만 년 사이에 살았던 것으로 추정되는 유인원이다. 라틴어로 australis 즉 <남쪽>이라는 의미와 고대 그리스어 πίθηκος <원숭이>라는 뜻을 가진 유인원은 1924년 레이몬드 다트에 의해 발굴되어졌다, 이들의 특징으로는 나무를 기어오를 수 있는 능력을 가진 두 발의 형태를 가지고 있었는데 그렇다고 완벽한 것은 아니었지만 오늘날의 인간처럼 두 발로 달릴 수 있었다.[2] 그렇다면 왜 인간은 직립보행을 하게 되었을까하는 의문이 들기 마련이다. 여러 가지 학설이 존재하지만 가장 근본적 원인으로서는 생존 본능에서 비롯되었다고 할 수 있다. 신체적 조건으로 볼 때 유인원은 생존할 수 있는 가능성이 매우 희박한 존재였다. 공룡이나 맘모스처럼 외형적 조건이 뛰어난 것도 아니었고 그렇다고 말이나 치타처

---

1) Johanson, D., White, T. D. et Coppens, Y. (1978) « A new species of the genus Australopithecus (Primates : Hominidae) from the Pliocene of Eastern Africa », Kirtlandia, n° 28.

2) 이러한 사실은 탄자니에 있는 세렌게티 초원 라에톨리 근처에서 1978년 마리 리아키가 3백 6십만년에서 3백 8십만년 전으로 추정되는 발자국의 흔적을 통해 밝혀졌다.

럼 빠르게 달릴 수도 없었으며 사자나 호랑이처럼 날카로운 발톱과 이빨을 지니지도 못했다. 사냥을 하는 동시에 사냥 당하는 존재였던 유인원들은 생존하기 위해서 오랜 세월에 걸쳐 신체적 변화를 겪을 수밖에 없었다. 우선, 자신들 보다 작거나 약한 동물들을 사냥을 해야 했는데 그들을 뒤쫓을 수 있는 신체구조를 가지고 있지 않았던 유인원들은 원시적인 무기를 사용했어야만 했다. 또한 포식자들로부터 자신들을 보호하기 위해서도 손에 무기를 들었고 이들의 공격을 피하기 위해 나무로 올라가 위험을 모면하기도 하면서 점차 손의 기능이 발달하게 되었다. 또한 두 발로 서면서 더 넓은 시야를 확보하게 되면서 먹이를 찾거나 적의 공격을 좀 더 일찍 발견할 수 있게 되었다.

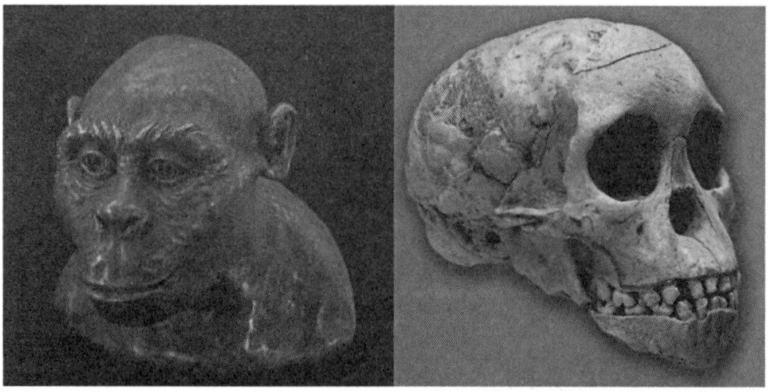

인간이 두 발로 걷게 되자, 두개골은 지금까지 엎드린 자세에서의 척추 끝에 매달려 있던 위치에서 똑바로 세워진 척추의 맨 위에 올려 놓여진 형태로 바뀌었다. 인간이 똑바로 선 자세

는 머리와 얼굴부분의 비율이 달라지게 하여 두개골의 뇌수의 용량이 많아지게 되었고 턱은 바짝 안으로 당겨지게 되었으며 후두부가 늘어나 공명상을 이루었고, 혀의 움직임이 비교적 자유롭게 되었다.

언어와 인지의 발달은 확실히 상관관계가 있다고 볼 수 있는데 인간이 똑바로 걷기 시작한 이후에 뇌수가 500-600cc에서 1400cc로 늘어난 것은 지능의 증가라 할 수 있다.3) 턱이 당겨지자 아래턱이 보다 자유로이 움직이게 되어 말소리를 내는데 도움이 되었을 것이며 후두부가 늘어나 공명상을 이룬 것은 인간의 말소리 가운데 핵심을 이루는 모음을 만드는데 결정적 역할을 했다. 또한 혀의 자유로운 움직임은 입안의 공명상을 조절할 수 있게 하여 여러 가지 모음을 만드는 것은 물론 자음을 만드는 데 결정적 역할을 하게 되었다. 여기서 가장 중요한 것은 뇌수의 증가와 후두부의 형성이다, 말소리 가운데 핵을 이루는 것이 모음인데 이 모음은 후두의 구강과 비강의 변형에 의하여 생겨남으로 후두부의 형성은 적어도 말소리를 내는데

---

3) 오스트팔로피데쿠스의 뇌의 능력은 호모 바빌리스의 600cm^3보다는 약간 못한 550cm^3이었지만 당시 키가 135cm로 추정되는 이들의 신체조건에 비추어 매우 균형적인 발달을 한 것으로 추정된다. 이에 대한 상세한 내용을 아래를 참조할 것.
Heinzelin, J. de, Clark, J.D., White, T.D., Hart, W., Renne, P., Wolde Gabriel, G., Beyene, Y. et Vrba, E. (1999) - « Environment and Behavior of 2.5-Million-Year-Old Bouri Hominids », *Science,* vol. 284, n° 5414, pp. 625-629

결정적 계기를 마련했을 것이다.

이러한 직립보행으로 인한 뇌의 발달과 함께 집단으로 사냥을 하던 유인원들은 자신들만이 통할 수 있는 의사소통 장치를 마련하게 되었고 그것이 곧 원시언어가 되었을 것이라는 추측이 가능하다.

2) 언어의 발생설

오늘날 지구상에는 3000개가 넘는 정말 많은 언어들이 존재한다. 언어가 어떻게 생겨났는지에 대한 의문은 수많은 가설들을 낳게 했으며 인류학, 고고학, 언어학 등 다양한 학문에서 연구되어졌다. 중세시대부터 사람들은 인간의 언어들이 신의 분노가 개입되기 전까지 하나였다고 믿었다. 그리고 아주 오랫동안 어떤 사람들은 히브리어가 아담과 이브의 언어였다고 믿었고 또 다른 사람들은 라틴어나 고대 그리스어가 최초의 언어였다고 생각했으며 회교도인들은 인간의 최초의 언어가 아랍어였다고 추정했다.

사실 언어의 단일성에 관한 이야기는 성경에서도 언급되고 있는데 지구상에 존재하는 언어들이 원래 하나의 언어에서 분리되었다는 가정은 바벨탑에서부터 시작된다. 성경에 등장하는 수많은 이야기들 중에 바벨탑에 대한 부분은 그저 단순한 하나의 전설이 아니라 실제 존재했던 탑이다. 바벨탑에 관해 성경에서는 다음과 같이 말하고 있다 :

> <모든 사람들이 같은 언어와 같은 단어를 사용하고 있었다. 인간들이 동쪽으로 이동하면서 이들은 Shinéar 지방에 있는 계곡을 발견하였고 이곳에 정착하였다. 그리고 서로에게 말했다 : <자! 벽돌을 만들고 불에 이것들을 구웁시다!>
> 벽돌은 이들에게 돌로 사용되었고 타르는 모르타르로 사용되었다. 이들은 말했다 :<자! 마을을 만들고 탑을 세워 그 끝이

바벨탑

하늘을 통과하도록 합시다!>. 그 탑에 이름을 지어주고 흩어지지 맙시다!>

그런데 하나님이 인간들이 세운 도시와 탑을 보기 위해 내려왔다. 그리고 그는 말했다 : <이 모든 것들로 인해 사람들이 하나의 언어를 사용하게 되었고 이것이 이들의 기업의 시작이구나. 이들이 서로 어울릴 수 없도록 이들의 언어를 혼동시켜야겠군>

여호아는 모든 사람들을 흩어지게 했고 도시를 세우는 것을 못하게 하였다. 그리고 이것을 바벨이라 이름 붙였으니 왜냐하면 이곳에서 여호아가 땅에 사는 모든 사람들의 언어를 혼동시켰기 때문이다. <창세기 11장 : 1-9절>

이 성경 구절은 노아의 후손들이 어떻게 하나의 언어를 말하게 되었고 하늘에 닿기 위해 높은 탑을 지으려 했으며 이들

의 자만심에 대한 벌로 다양한 언어가 생기게 되었는지를 알려 준다.[4)]

언어의 발생 시기가 비롯 아직 수수께끼로 남아있지만 일반적으로 언어의 생성 시기가 신경조직의 복잡한 체계를 지니기 시작한 호모 하빌리스의 유전자전 코드 속에 내재되기 시작한 2,2백만으로 추정하고 있다. 이 능력이 실제 사용되기 시작한 시기로는 호모 에레쿠스 또는 호모 사피엔스 시대라고 보는데 오늘날의 의미에서의 언어는 기원전 8만년에서 6만 년 전에 생겨났을 것으로 가정한다. 이들이 언어를 사용할 수 있었다고 추정하는 것은 단성 이론(théorie de la monogénèse)에 따라 오늘날 3천여 언어들이 이 시기에 말해졌던 이 언어에서 비롯되었고 호모 사이펜스들이 여러 집단으로 분산되면서 다양한 언어들로 발전된 것이 아닐까 하는 가정을 낳게 한다.

언어의 기원에 관한 연구들 가운데 많은 언어학자들이 지구상에 존재하는 이처럼 많은 언어들의 모어(母語)의 존재에 대해 연구하였다. 이들은 이 모든 언어들을 추적하여 올라가면 결국 하나의 언어가 있지 않을까하는 가정을 세웠다. 이런 가설에서 가장 잘 알려져 있는 사람 중에 한명으로 미국 언어학자인 메리츠 루렌을 들 수 있는데 그는 지구상에 존재하는 모든 언어들의 유사성을 설정하기 위한 방법으로서 유사한 어족

---

4) Johann Peter Suessmilch는 언어가 신이 인간에게 준 선물이라는 언어기원의 신설 (the divine origin of language)를 주장했다. Suessmilch, J. P. *An introduction to language* 2end, ed.1 New York, 1979,

들 가운데 선택한 많은 언어들의 어휘들 사이의 비교를 하였다 (음성학적 형태와 관련된 철자적 특성의 27형태). 그에 따르면 인간이 발음한 최초의 단어는 단음절인 tik(손가락) 또는 aq'wa (물)이며 이는 어족과 언어학자 대부분들이 알고 있는 모범 언어들 32 어군에 속하는 단어이다.[5)]

또 Herder는 인간은 나면서부터 언어능력을 타고 나며 언어는 각기 다르지만 모든 언어가 다 보편적인 공통적 본질을 가지고 있다고 주장하였다.[6)] 언어의 단일성에 대한 논란은 계속되고 있지만 지구상에 존재하는 언어들 중 많은 언어들이 시공간적으로 멀리 떨어져 있음에도 불구하고 문장의 어순에서 S-V-O, S-O-V, V-S-O 라는 문장 구성성분들의 어순을 가지고 있다는 것은 매우 흥미로운 사실이다.

원시 언어는 과연 어떠한 형태였을까? 마이클 코발리스는 호모 에렉투스인들로부터 몸짓 행위의 근원에 관계된 가설을 주장하였다. 그에 따르면 언어는 벙어리들이 사용하는 수화와

---

5) 물론 그의 연구 방법에 대해서는 루렌이 밝힌 유사성이 우연에 의해서 비롯된 것은 아닌지, 인간의 소리의 능력이 수 만년 동안이나 유지될 수 있는 지에 대한 의구심을 비롯하여 많은 비판들이 있지만 인간의 언어가 하나의 근원에서 출발했을 수도 있다는 그의 가정은 매우 의미있는 것이라 할 수 있다.

6) 이 언어의 보편성은 후에 Chomsky라는 생성문법 학자에 의해 더욱 발전되고 체계화되었는데 그는 다음과 같이 주장하면서 보편 문법이라는 가설을 내세웠다 : "UG (Universal Grammar) is a genetic endowment : we are born equipped with a set of universal linguistic principle. UG may be thought of as some system of principles, common to the species and available to each individual prior to experience." Liliane Haegeman, *Introduction to Government & Binding theory*, Basil, Blackwell, 1991, p.12.

유사한 기호 언어로부터 시작되었다는 것인데 이 가설을 입증하기 위해 다음과 같은 증거를 제시했다 :

> 우선, 말의 생성에 있어서 호모 에렉투스의 해부학적 제약으로 인해 구어보다 몸짓 행위가 먼저 이루어졌을 것이다. 게다가 몸짓은 원시인들의 환경에 보다 더 잘 적합했을 것으로 추측되는데 이들은 포식자들에게 둘러싸인 채 동굴 안에서 생활했는데 목소리로 의사소통을 하는 경우 포식자들에게 쉽게 발각될 수 있는 위험이 있는 반면 몸짓은 소리가 나지 않기 때문이다. 게다가 몸짓 언어는 집단으로 사냥을 할 때 사냥감에게 들키지 않는 사냥 활동에 있어서 매우 효과적으로 나타난다. 또한 몸짓은 이동을 할 때 방향을 나타내는데 매우 적합하다. 오늘날 아이들과 많은 성인들이 말을 하면서 손짓을 동반하는 것은 이 과거의 몸짓 언어의 영향일 것이다.[7)]

언어의 발생에 관한 가정에 관해서는 여러 가지 가설이 존재하는데 Johann Peter Suessmilch는 신설 즉 언어는 신이 인간

---

7) Jean-François Dortier는 이 이론에 대해 다음과 같이 이의를 제기하고 있다 : 코발리의 이론은 흥미롭기는 하지만 왜 신호의 언어가 목소리의 사용으로 인해 사라져야만 했는지에 대한 이유를 밝혀주지는 못한다. 그에 따르면 목소리가 어둠 속에서 의사소통을 하는데 있어 몸짓보다 더 효과적이다. 그러나 이것은 방금 그가 주장했던 목소리와 관계된 몸짓의 이점 즉 소리가 나지 않는다는 점과 모순된다. 또한 말이 몸짓을 대체하게 된 이유로 그는 말을 함으로써 도구를 사용하거나 무엇을 만들 때 손을 사용할 수 있게 되었다는 점을 들고 있지만 소리를 내어 말하는 경우 먹으면서 동시에 말할 수 없기는 마찬가지이다. Jean-François Dortier, Langage et évolution : nouvelles hypothèses, Article de la rubrique « Enjeux » Mensuel N° 144 - Décembre 2003.

에게 부여한 것이라고 주장하였으며[8] Rousseau는 자연의지설 즉 인간이 자연의 소리를 모방하면서 부터 언어가 생겨났다고 주장하였다. 그리고 A.R. Lucia는 인간이 노동을 하면서 내는 소리로부터 언어가 생겨났다는 노동설을 주장하기도 했다. 그런데 신설을 제외한 나머지 가설들은 모두 소리로부터 언어가 발생했다는 공통점을 가지고 있으며 이처럼 소리와 관련된 언어의 발생설을 요약해보면 다음과 같다 :[9]

① **푸푸설** (Pooh-Pooh theory)

신체의 발성기관을 이용하여 나는 소리로부터 언어가 발생했다는 가설로서 혀를 찰 때 나는 소리인 [쯧쯧] 이라던가 원시인의 최초의 소리는 대략 양 입술을 사용하여 허파로부터 나오는 소리를 펑펑내거나 혀끝을 입천장에 대어서 내는 쯧쯧 소리에 의해 언어가 발생되었다는 추측을 한다. 이러한 가정을 이용하여 언어의 자연 발생 현상을 설명하고 있다. 그러나 이는 왜 다른 동물들은 언어를 구사할 수 없는지에 대한 명확한 설명이 없다는 것이 이 가설의 단점이다.

---

8) 그러나 이에 대한 부정적 의견들이 많이 제시되었다. 먼저 태어나면서부터 방안에서 살며 외부와의 접촉을 전혀 하지 않은 아이가 13세가 되어 외부와 접촉하였을 때 말을 전혀 하지 못한다는 실험 결과와 늑대에게 양육된 아이가 인간의 언어를 전혀 사용하지 못한다는 사실을 통해 신이 인간에게 태어나면서부터 언어를 부여했다는 그의 이론은 신빙성을 상실한다.

9) 언어의 발생설에 관한 아래에 열거된 설들은 인터넷 또는 언어학 관련 서적에 나오는 내용들을 발췌, 요약한 것이다.

② **멍멍설** (Bow-Bow theory)

모든 동물들이 내는 소리를 원시인들이 서로 흉내 내다가 원시인들이 지능을 갖게 되면서 언어로 전환시키게 되었다. 따라서 원시인은 물소리, 새소리, 짐승이 우는 소리 등을 흉내 내는 의성어에 기초를 두어 언어를 발성하게 되었다. 원시인은 자연 속에 살면서 자연의 소리를 모방하는 과정을 통해 원시어가 형성되었을 것이다. 지금도 세계 각국 언어를 보면 의성어와 의태어가 많은 비중을 차지하고 있는데 이런 현상이 멍멍설을 뒷받침하고 있다.

③ **노래설** (sing-song theory)

원시인이 최초로 노래를 부르는 심상의 표현에서부터 언어가 시작되었다는 학설이다. 유아들이 모음 자음 혹은 자음 모음을 가락에 맞추어 흥얼대거나 반복하는 소리를 들을 수 있는 것처럼, 원시인들도 최초의 언어를 생성하기 위해 이렇게 흥얼대는 발성으로부터 노래 부르듯 소리를 내다가 언어를 형성하게 되었다는 추측이다. 원시인이 감정을 갖게 되면서 그 느낌을 표현하고자 노력했고 이것이 최초의 언어가 되었을 것이라는 것이다.

④ **딩동설** (ding-dong theory)

원시인들이 종을 칠 때나는 땡땡 소리나 발로 땅을 구르며

내는 탕탕 소리, 손뼉을 치며 울리는 짝짝 소리 등 물체와 물체가 부딪혀 나는 소리를 모방하여 언어로 구사하기 시작했다는 학설이다. 인간의 최초의 발견이 불인데, 불도 돌과 돌이 마찰되어 얻어지게 되는데 그때부터 인간의 지혜가 싹트기 시작했다. 인간의 지혜가 형성되면서 물체와 물체가 마찰되는 소리를 듣고 언어로써 표현하기 시작했다는 것이다.

⑤ 끙끙설 (grunt theory)

원시인들은 의식주를 해결하기 위해 무엇인가 열심히 얻고자 노력했을 것이고 힘든 일을 할 때 자연적으로 목구멍에서 터져 나오는 소리에 착안하여 언어를 구사하게 되었다는 학설이다. 따라서 힘든 일을 혼자서 할 수 없고 다른 원시인의 도움이 필요했을텐데 그 때 도움을 구하는 표현은 대개 끙끙대는 표현으로 의사를 밝힘으로써 언어 발생의 시초가 되었다는 추측이다.

⑥ 맘마설 (mama theory)

유아들이 제일 먼저 내는 소리는 먹이를 달라는 소리인데, 세계 공통적으로 맘마라고 발성한다. 유아들이 발성하는 맘마는 먹이를 가리키는 소리도 되고 엄마를 가리키는 말도 된다. 따라서 원시인의 최초의 언어도 먹이를 구하기 위한 표현에서부터 언어가 발생했을 것이라는 학설이다. 고대 희랍의 herodotus(기원전 484-425)에 의하면 이집트의 psammetichos가

갓난 아기를 격리하여 양육시켜 내는 소리를 관찰했더니 빵이라는 말을 제일 먼저 발성하였다고 기록하고 있어 맘마설을 뒷받침해준다.

2

언어의 필요성과 속성, 정의

1) 언어의 필요성

왜 언어가 생겨나게 된 것일까? 왜 인간은 말을 하는 것일까? 이에 대한 다양한 가설이 존재하지만 먼저 진화론적 측면에서 정보를 교환하고 메시지를 전달하며 따라서 생존가능성을 높이기 위한 것이다.

리버플 대학의 로빈 둔바 교수는 사회적 관계의 유지를 위해 언어가 필요하게 되었다고 주장하였는데 그는 인간들에게 언어가 원숭이 사회에서의 이 잡기와 동일한 역할을 한다고 가정하였다. 구체적으로 언어는 개인들 간의 밀접한 관계를 형성하고 유지하며 갈등을 해소하기 위한 사회적 접촉의 형태라고 주장하였다. 자신의 이론을 뒷받침하기 위해 그는 일상적인 대화의 내용에 대한 조사를 실시하였는데 그와 그의 팀들은 카페에서 사람들이 대화를 하고 있는 내용을 녹음하러 갔다. 사람들은 무엇에 대해 말을 하는가? 근본적으로는 타인과의 관계를 위해서이다 : 이들은 대학의 카페, 술집, 기차 등과 같이 다양한 장소에서 자연스럽게 발생하는 대화들을 연구하였는데 대화 시간의 약 65% 가 사회적인 주제에 대한 것이라는 것을 밝혀냈다 (누가 누구와 무엇을 하였는가, 나는 -을 좋아한다, 좋아하지 않는다 등). 이는 이것으로부터 다음과 같은 결론을 내렸다. 언어는 사회적 이 잡는 장치처럼 작용한다. 언어는 사회성을 용이하게 한다.[10)]

그런가 하면 J.-L. Dessalles은 사건을 끌어들이려는 인간의 경향이 중요한 기능을 갖는다고 가정하였다. 즉 말을 하는 사람은 자신 주위로 관심을 끌어들이려는 의도를 갖게 되며 집단 안에서 유리한 위치를 이끌어낸다. 이러한 태도는 견고하고 안정된 동맹관계를 만드는데 공헌한다. 결국 언어는 근본적으로 정치적 기능을 갖는 것이며 말하는 사람에게 우선권을 부여하게 된다.

2) 인간의 본유적 특성으로서의 언어

많은 언어학자들이 인간만이 언어학적 유전자를 타고나 언어를 습득할 수 있다는 촘스키의 주장에 도전을 하였다. 이중에서도 가장 대표적인 사람이 Premack와 Premack는 sarah 라는 원숭이에게 음성 언어를 가르치는 대신 언어판이라는 기계장치를 이용하여 크기 모양과 색깔이 다양한 프라스틱 형태의 120개 어휘를 훈련시켰다. premack는 단어, 문장, 질문, 분석용어의 기능을 Sarah에게 가르쳤는데 그의 훈련과정은 다음과 같다 : 첫째 만약 훈련자가 바나나를 책상위에 놓았을 때, Sarah가 언어판에 바나나의 형태를 찾아 붙이면 훈련자는 실제

---

10) 만일 언어가 사회적 관계와 접촉의 지탱과 연결되어 있는 부분이라고 한다면, 우리는 언어가 이러한 차원보다 더 높은 가치를 갖는다는 면에서 이 가설을 반박할 수 있다. 게다가 그가 그의 조사를 직장, 가족 간 또는 전화나 이메일 관계에서 시작하였다면 이것은 언어의 기능적이며 실용적 사용을 밝혀낼 수 있었을 것이다. 둔바의 이론에서 대부분 대화의 발생 장소가 명백한 기능적 내용을 갖지 않는 카페 또는 그 외의 장소에서 일어났다.

바나나를 원숭이에게 보상해주었다. 둘째, 훈련자는 Sarah에게 사과를 주면서, 그 장면을 언어판에 프라스틱 형태를 이용하여 묘사했다. 그리고 Sarah가 그 상황을 언어판에 묘사할 수 있게 지도했다. 셋째, 만약 사과와 바나나가 언어판에 주어진 것을 보고 Sarah가 같은 형태인지 혹은 다른 형태인지 대답할 수 있게 했다. 넷째, Sarah 앞에 대상물이 놓여 있을 때 그것의 이름을 명명할 수 있게 했다.

이런 4가지 조건하에 약 2년 동안 Sarah는 훈련을 받았고 과학자들이 생각했던 것 보다 더 영특한 반응을 보였다. 그러나 어린이와 Sarah의 차이를 보면 Sarah는 모든 언어 반응을 위해서 조건화가 선행되어야 하지만, 어린이는 원숭이처럼 통제된 상황이나 보상 없이도 언어를 배울 수 있다. Sarah는 문장구조를 어느 정도 이해할 수 있었으나 복합적인 의미는 이해하지 못했다.

SARAH, after reading the message "Sarah insert apple pail banana dish" on the magnetic board, performed the appropriate actions. To be able to make the correct interpretation that she should put the apple in the pail and the banana in the dish (not the apple, pail and banana in the dish) the chimpanzee had to understand sentence structure rather than just word order. In actual tests most symbols were colored (see *illustration* on *opposite page*).

동물들도 나름대로의 의사소통 방법을 가지고 있다. 곤충학자들의 연구발표에 따르면, 벌의 경우, 춤을 추는 듯한 동작에서 먹이가 어디방향에 있는지, 그리고 거리는 얼마나 되는지를 나타내 준다고 한다[11].

또, 고래의 경우 소리로써 의사소통을 한다고 알려져 있다. 그러나 그럼에도 불구하고 인간이 사용하는 언어는 동물들의

11) Frisch, Karl von (1860.11.20～1982.6.12). 오스트리아의 동물학자로서, 빈에서 출생했다. 꿀벌을 연구하였는데, 꿀벌이 원을 그리거나 꼬리를 흔드는 율동으로 정보를 전달한다는 것을 발견하였다. 이런 그의 꿀벌에 관한 언어와 춤의 연구는 획기적이었다.

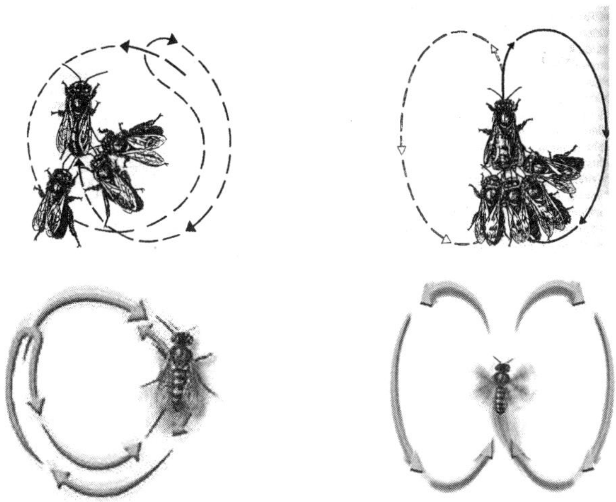

의사소통 방법과 구분되는 특징으로 손꼽을 수 있는데, 그 이유는 바로 창조성과 풍부함이다. 동물들이 아무리 의사소통방법을 가지고 있다고 하더라도, 그 수에는 한정이 되어 있는 반면, 인간이 사용하는 언어는 정말 그 수를 알 수 없을 정도로 많다.

창조성의 경우를 살펴보자. 과거 식민지 개척자들이나 남태평양의 농장 소유자들은 서로 다른 언어적 배경을 가진 노예와 노동자들을 의도적으로 혼합하여 고용하였다. 이들은 서로 다른 언어를 사용하였기에 자신들이 사용하는 언어로는 의사소통을 할 수 없었다. 이들은 맡은 바 임무를 수행하기 위해서 피진어 (pidgin) 라는 임시방편의 혼합어를 만들어냈다. 피진어란 농장 소유주들이 사용하는 언어의 일부 단어를 나열한 것으로 어순도 일정하지 않고 문법이랄 것도 없는 그런 언어이다. 하지만 세대를 거치면서 이 보잘 것 없는 피진어는 복잡한 구조로 변해갔는데 이 피진어로만 이야기하는 환경에서 자란 아이들이 단편적인 단어만을 배열하는 것이 아니라 피진어에서는 없었던 복잡한 문법을 부여하여 표현이 풍부한 새로운 언어를 만들어 내었다. 이와 같이 아동이 피진어를 자신의 모국어로 만들 때 생겨난 언어를 크리올어라고 한다. 이 크리올어의 문법은 언어가 부모로부터 단순히 전달되는 것이 아니라 아동에 의해 창의적으로 만들어졌다는 것은 인간 언어의 창의적 특성을 보여주는 좋은 예이다.

이처럼 언어의 창의적 특성은 언어 규칙의 적용에서도 볼 수 있다. 아동이 어떤 언어를 말할 수 있다는 것은 자기가 들었던 문장을 앵무새처럼 반복하여 산출해내는 것이 아니라 주어진 언어 환경에서의 언어 자극들 속에서 어떤 규칙을 찾아내어 그것을 토대로 새로운 문장을 산출해 내는 보다 적극적인 인지 과정이다. Berko는 실험을 통해 아동이 산출해내는 문장이 부모 말을 단순히 모방하는 것이 아니라 자기가 찾아낸 언어규칙을 이용하여 생성해내는 매우 창조적인 산물이라는 것을 보여주었다. 4세에서 7세 사이의 아동에게 한 마리 가상의 새가 그려진 그림을 보여주고 wug라고 말해준다. wug이란 단어는 기존의 영어에는 없는 단어로 실험자가 만든 신조어이다. 그리고 난 후에 먼저 그림에 있던 새가 두 마리 있는 그림을 보여주며 여기에는 두 마리가 있다라고 얘기해준다. 그리고 난 후 There are two ___ 와 같은 문장 완성 과제를 준다. 대부분의 아이들은 이전에 wugs란 단어를 듣거나 말해본 적이 없었지만 wugs라는 복수형 단어로 정확하게 빈칸을 채워넣었다. 이러한 결과는 아이들이 복수를 만들기 위해 s를 붙인다는 규칙을 알아 이 규칙을 자기들이 들어본 적이 없는 새로운 단어에 생산적으로 적용하고 있음을 보여주는 것이다.

3) 언어의 정의

언어란 무엇인가? 사실 인간은 언어를 통하여 의사를 표현하고 전달하며 감정을 소통한다. 이 과정에는 심리적 요인뿐만 아니라 생리적 또는 물리적 요인 및 사회적 요인 등이 복잡하게 얽힌다. 그러므로 언어를 한 마디로 간단히 정의(定義)하기가 어려우며, 또한 관점에 따라 정의 자체가 달라질 수도 있다. 넓은 개념에서 볼 때 의사소통을 위한 모든 것을 언어로 보고 있다. 그래서 말과 글을 포함하여 의사를 전달하기 위한 어떠한 몸짓이나, 표정, 신호등도 모두 언어로 포함시킨다.

트라피스트(오른 지방 솔리니에 있는 노트르담 드라 트라프 수도원을 중심으로 1140년에 세워진 베네딕트 교단 계열의 수도회) 수도사의 언어에서 볼 수 있듯, 손과 손가락의 움직임을 통해서 가장 수월하게 신체 코드를 만들고 유지할 수 있다.

silence

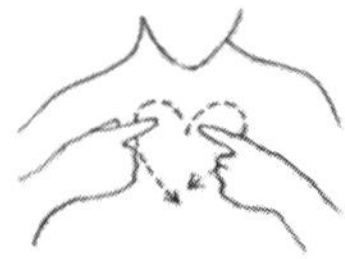

amour

piété [하나님]

pauvre

북아메리카 수족들은 자연적인 구어를 사용하면서도, 신체언어만을 이용해 의사소통을 하기도 한다. 수족의 신체언어는 너무 오래된 것이어서, 한 학자는 이 표현양식이 아메리카 대륙에서 가장 오래된 언어라고 주장할 정도이다. 윌리엄 톰킨스가 전개한 연구에 따르면, 수족의 신체언어는 450에서 500개 정도의 기호로 이루어져 있고, 대부분의 기호는 손의 이동이나 움직임, 얼굴, 그리고 머리의 위치로 표현된다고 한다. 그 어휘에는 사냥이나 전쟁과 같은 그들의 생활양식과 연관된 실사, 형용사, 동사, 부사 등이 포함되어 있다.

태양

열기 heat

불 fire

밤 night

달 moon

지구 earth

공기 air

추위 cold

물 water

많이
many,
much

비 rain

화창한 clear

큰 big

두려운 fear

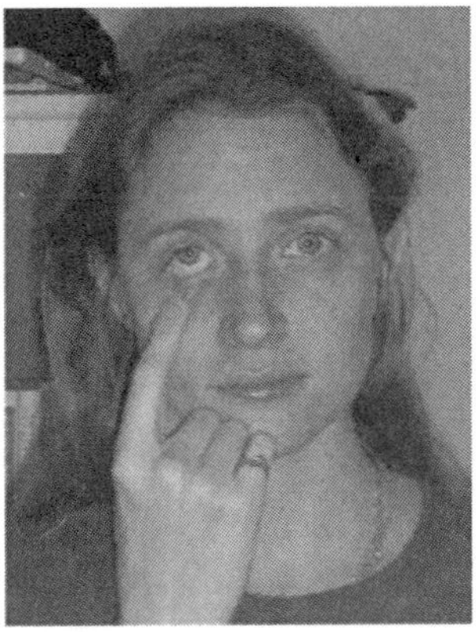

믿지 못할 때

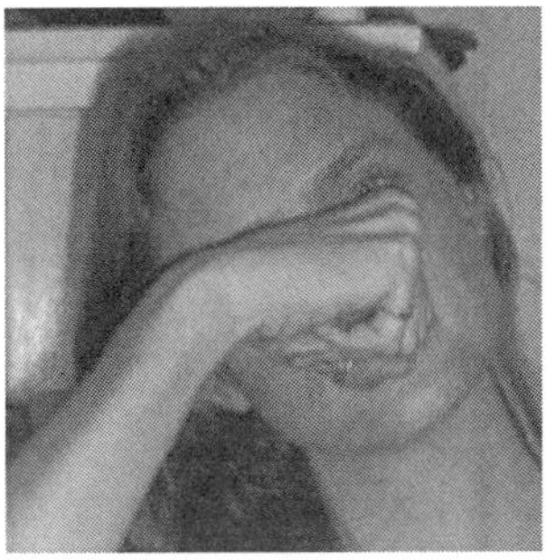

술에 취했을 때

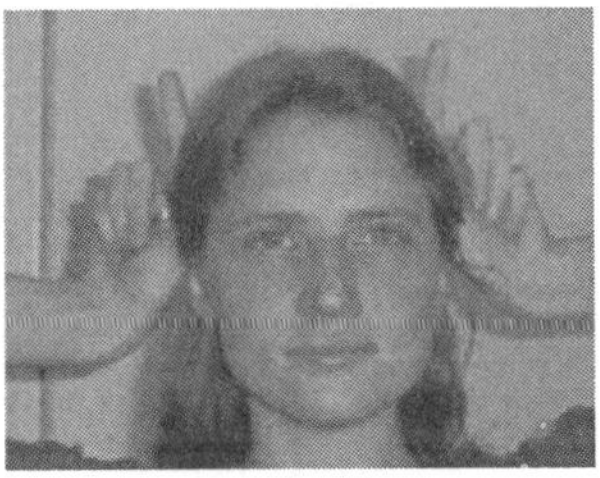

인사할 때

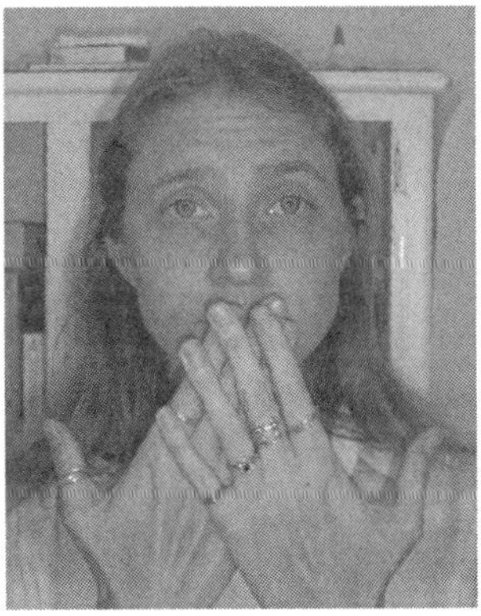

미안 실수야

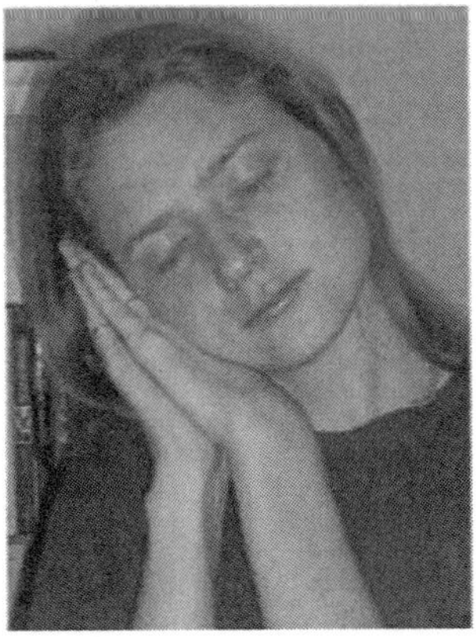

잠자고 싶을 때

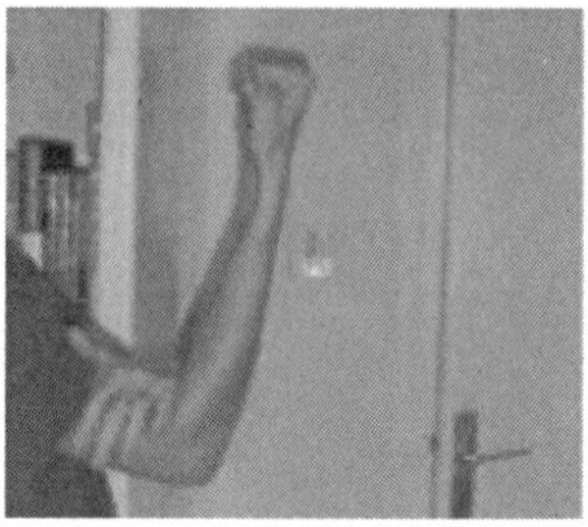

옛 먹어라

미쳤군

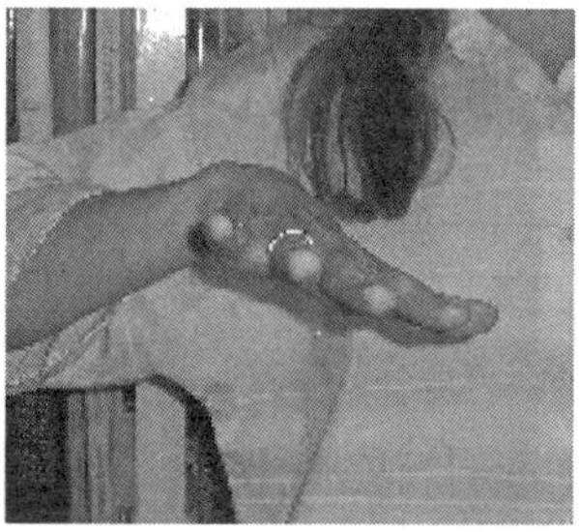

그저 그래

다시 한 번 말해줄래?

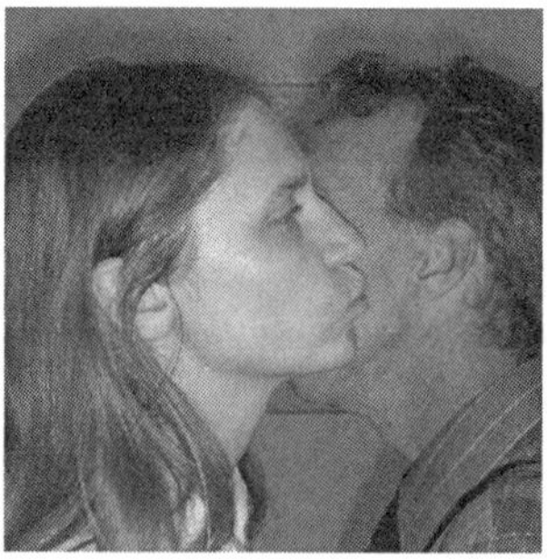

만났을 때

좁은 개념에서 언어란 인간의 발성기관을 통해 전달되는 것을 의미하는데 이는 가장 근원적이고 보편적인 인간의 의사소통 수단이다. 즉, 좁은 의미에서 가장 일반적으로 받아들여지는 정의는 언어란 곧 인간 상호간의 의사 전달을 위해 사용되는 자의적(恣意的)인 음성 기호의 체계라는 것이다.

① 체계(體系)로서의 언어

언어의 정의에서 우리가 특히 관심을 가져야 할 것은 바로 '체계'이다. 지구상에 존재하는 수천 개의 언어들은 문법체계나 발음체계에 있어 다양한 양상을 보여주지만 음성과 의미 체계라는 이중 체계를 가지고 있다는 점에서는 공통점을 갖는다. 예를 들어보자. 강아지라는 글자를 보거나 귀로 들었을 때, 우리는 [네발 달린 짐승으로서 우리 인간과 매우 친근한 애완동물인 개의 새끼] 라는 강아지의 이미지를 떠올리게 된다. 강아지라는 글자는 기표 즉 음성체계가 되고, 이미지는 기의라는 의미체계가 된다.

언어의 이 같은 체계는 특정한 언어들이 각기 나름의 법칙성을 갖도록 한다. 예를 들면 프랑스어에서 b, p, v 발음의 경우 각각 [ㅂ, ㅃ, ㅂ] 소리가 난다 : bain [뱅 : 욕조], pain [뺑 : 빵], vain [뱅 : 헛된]. 특히 b 와 v의 발음은 주의를 요하는데 b는 윗입술과 아랫입술을 붙였다 떼며 내는 소리인 반면 v는 윗이로 아랫입술을 깨물었다 떼면서 나는 소리이다. 다음 대화의 예를 들어보자 :

A : Comment est Jean ? [장은 어때?]
B : Il est beau / veau. [그는 잘 생겼어 / 송아지야]

beau 는 [잘 생겼다]는 뜻이고 veau 는 [송아지]라는 뜻이다. 두 단어의 발음상의 차이는 b와 v에서만 나타나는데 잘생겼다라는 의미를 나타낼 때 v의 발음을 하게 되면 상대방에게는 [송아지]라는 의미로 전달된다. 따라서 특정한 의미를 전달하기 위한 음성체계는 매우 제약적이며 엄격하다. 또 다른 예를 들어보자 :

한국어 : 1) Paul은 Marie를 좋아해
2) Marie를 Paul이 좋아해
프랑스어 : 1) Paul aime Marie / Marie aime Paul
2) Marie, Paul l'aime.

한국어의 두 문장은 특정한 의미를 부여하지 않는 한, 주체자와 대상자의 위치가 바뀌어도 [좋아한다]는 행위의 주체자가 Paul 이고 대상이 되는 사람은 Marie로 해석된다. 반면 프랑스어의 경우 [뽈이 마리를 좋아한다]는 의미를 나타내려면 Paul aime Marie 만이 가능하며 Marie aime Paul 이라는 문장은 좋아하는 주체자가 Marie 이고 그 대상은 Paul 이라는 정 반대의 의미를 갖게 되는데 이처럼 각 언어들은 나름대로의 체계를 구성하고 있다[12].

② 음성적(音聲的)인 언어

앞에서 언어를 정의할 때 언어가 인간 상호간의 의사 전달을 위해 사용되는 자의적(恣意的)인 음성 기호의 체계라는 부분에서 음성이란 언어가 소리와 밀접한 관계를 맺고 있음을 시사하고 있다. 또한 이 말은 언어의 또 다른 체계인 문자 체계와 비교하여 음성체계가 우선임을 보여주는데 이와 같은 음성 언어의 우위성을 뒷받침하는 근거로서 첫 번째 관찰적 측면에서 지구상에 존재하는 수많은 언어들 중 구어만 있고 문자가 없는 부족은 있어도 문자만 있고 구어는 없는 부족은 없다는 사실적 증거를 들 수 있다. 또 유아의 언어 학습활동의 단계를 관찰해보면 어떤

12) 이에 대한 설명으로 한국어에서는 주격을 나타내는 조사 [-은, 는, 이. 가] 와 목적격을 나타내는 조사 [-을, 를]이 명사에 붙음으로써 명사의 위치가 바뀌더라도 주체자와 대상자를 명확하게 구분할 수 있다. 반면 현대 프랑스어의 경우 명사들의 문장에서의 기능은 명사가 차지하는 위치에 따라 결정되는데 이와 같은 언어의 체계성을 흔히 문법[grammar] 이라 하며 이는 통사론의 이론인 생성문법에서 격이론 (Case theory)으로 설명된다.

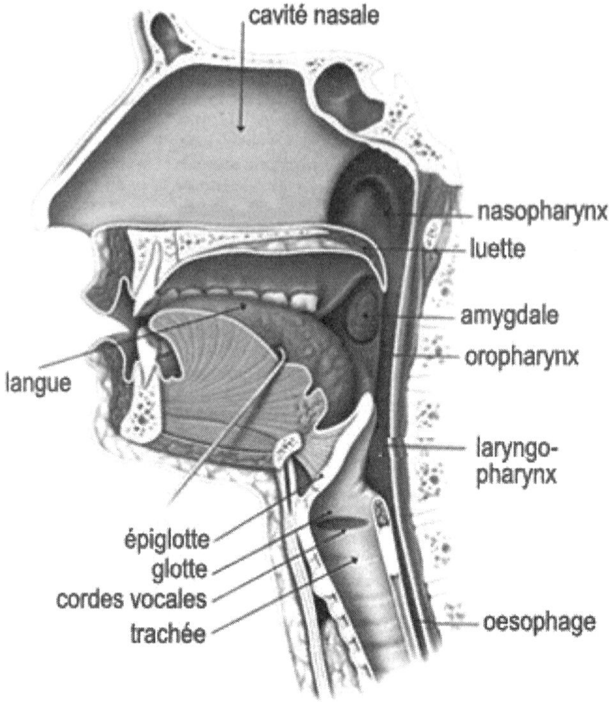

나라의 아이건 글보다는 말부터 먼저 배우게 된다는 것, 그리고 글은 모르더라도 말은 할 줄 아는 문맹인들의 경험적 관찰 사실을 통해 언어에서 음성체계의 중요성을 살펴볼 수 있다.

또한 동음이의어 (소리가 같고 의미가 다른 단어들 : 눈(目), 눈(雪) 등)의 경우 소리의 장·단을 통해 구분할 수 있다는 사실 등에서도 소리의 중요성을 엿볼 수 있다.

③ 자의적(恣意的)인 기호(記號) 언어

기표와 그 기표가 나타내는 의미 즉 기의는 자의적이다. 우리말에서 [까까]는 아이들의 표현으로 [과자]를 의미한다. 반면 프랑스어에서 [까까]라는 소리는 [변]을 의미한다. 예를 들어 프랑스인의 집에 초대를 받았는데 그 집 아이가 너무 귀여워 [까까 먹을래?] 라고 해보자. 이 말을 들은 그 아이는 [너 변 먹을래?]라는 의미로 받아들이게 된다. 단 기표와 기의 관계의 이런 자의성13)은 각 사회 구성원들의 약속 하에 이루어져야 한다. [개]를 의미하는 기표로 [고양이]를 사용한다든가, [죽는다]라는 의미를 나타내는데 [산다]라는 말을 개인 임의적으로 사용하는 것은 사회의 혼란을 야기할 뿐 아니라 의사소통의 혼란을 초래하게 된다.

④ 의도적 특성

인간이 사용하는 언어는 단지 정보만을 전달하는 것을 의미하지는 않는다. 예를 들어보자. 담배를 매우 좋아하는 남편이 밤에 베란다에서 담배를 피고 있는데 아내가 이 모습을 목격했다:

---

13) 소리와 의미와의 자의적 관계에 대한 반대의 의견으로 의성어(onomatopoeia)를 들 수 있다. 의성어는 동물이나 자연의 소리를 모방해서 만든 단어인데 예를 들면 소의 울음소리라든가 개와 고양이 울음소리, 까마귀 울음소리 등을 들으면 우린 그 소리들이 소나 개 또는 고양이, 까마귀라는 의미를 떠올리게 된다. 그러나 이러한 의성어는 사실 그 수에서 극히 제한되어 있으며 따라서 단편적인 일련의 사실을 통해 수많은 언어기호의 다의성을 본질적으로 부인할 수는 없다.

A : 당신 또 담배피우는 거에요?

B (작은 소리로) : 아이고 저 잔소리 정말 지겹구만.

A : 뭐라구요? 당신 뭐라고 했어요?

B : 아니, 하늘에 별이 많다구.

여기에서 남편이 말한 <하늘에 별이 많다구>라는 문장은 아내에게 정말로 하늘에 별이 많다는 정보를 알려주기 위한 것이 아니라 자신의 원래 의도를 감추려고 한 말이다. 또 다른 예를 들어보자. 다음은 프랑스에서 한 코메디언이 사람들의 속 마음과 반대되는 대화 내용을 비꼬며 한 농담 중에 하나이다. 친구부부의 집에 저녁초대를 받은 한 부부가 꽃을 사서 초대한 부부의 집 초인종을 누른다. 집 안 주인이 문을 열어주면서 일어나는 상황이다 :

A : 오셨어요? 어머 이거 꽃이네!

B : (그럼 이게 당신 눈에는 배추로 보이나?) 예, 꽃을 좋아하신다고 해서. 변변치는 않지만 받아주세요.

A : 어머, 이러실 필요 없는데.

A가 <어머, 이러실 필요 없는데>라고 말했을 때 정말 A가 B가 꽃을 사온 것에 대해 쓸데없는 짓을 했다고 생각해서 이렇게 말한 것은 아니다. 사실은 꽃을 받아서 매우 기뻐하지만 표현은 반대로 한 것이다.

또는 우리가 흔히 드라마에서 중년부부 사이에서 오가는 대사 내용을 보자.

> A : 아니 당신 또 술 마셨어요?
> B : 응, 오늘 회사 회식이 있어서 말이지.
> A : 아니 그 놈에 회사는 허구헌날 회식이에요? 어구 정말 귀신들은 다 모하나 몰라, 저 화상 데려가지 않고.

여기서 A가 말한 <귀신들은 다 모하나 뭘라, 저 화상 데려가지 않고>라는 말은 정말로 귀신들이 남편을 데려가길 원해서 하는 말은 아닐 것이다. 이밖에도 우린 정말 말해야 하는 주제를 피하기 위해 쓸데없는 말을 하기도 하며 또는 진짜 말하고자 하는 것과는 반대로 말을 하거나 상대방이 이미 알고 있는 것에 대해서는 말을 한다. 이처럼 인간이 사용하는 언어는 단순한 의사 전달 수단의 범위를 넘어서 화자의 의도에 따라 다양한 방식으로 표현되는 인간만이 지니는 특성이라 할 수 있다.

⑤ 커뮤니케이션의 도구로서의 언어

Richard와 Rodgers는[14] 언어가 의미표현을 위해 짜여진 체계라고 말하였는데 이는 곧 의미전달이 언어의 주요 목적이라는 것을 뜻한다. 즉 언어를 습득한다는 것은 곧 상대가 말하는

---

14) Richards J.C., & Rodgers, Approaches and methods in language teaching, Cambridge, 1986.

의미를 알아차리고 자신의 의지를 표현하는 능력의 습득이다. 이런 언어 습득은 개인들이나 집단들 간에서 어떤 형의 커뮤니케이션을 성립시키는 어떤 종류의 언어나 일련의 과정을 형성시키는 것이다. 또한 언어는 고정적인 것이 아니라 변화해가는 것이기도 하며 그 언어를 사용하는 사회를 기반으로 언어는 짧은 시간 안에도 많은 변화를 보여주기도 한다. 이를 반영해주는 가장 좋은 예가 인터넷 또는 휴대폰 문자 언어이다.

인터넷에 들어가 보면, 특히 젊은 층들이 많이 드나드는 포털 사이트와 같은 곳에 들어가 보면 인터넷 언어가 일상 언어와 얼마나 다른지를 쉽게 확인할 수 있게 된다. 우선 왜 인터넷에서 사용하는 말들은 일반 언어와는 구분이 되는가 하는 의문이 제기되는데 이에 대한 답으로는 우선 신속함과 경제성을 들 수 있을 것이다. 채팅창에서 빠른 대화 진행을 위해 빠른 입력이 요구되고, 그것이 입력의 경제성으로 나타나는 것이다. 또한 문자 메시지의 경우 표현할 수 있는 글자 수가 공간적으로 제한되기 때문에 가장 적은 글자로 표현할 수 있는 약어와 같은 것들이 발달하게 된다.

두 번째는 감정 표현이다. 소위 이모티콘의 사용을 통해 감정을 표현하는 것이다. 가장 고전적인 예를 들자면 'ㅠ.ㅠ' 같은 것이 그것이다. 본래 글자에는 아무런 감정이 없다. 사람들 사이에 약속된 기호일 뿐이다. 그것에 의미를 담아 사람들은 감정을 표현해왔는데, 이모티콘은 아예 글자 모양 그 자체로 감정을 표현한다. 'ㅠ.ㅠ' 의 모습은 마치 사람이 눈물을 흘리고 있는 모습과 유사한데 이를 통해 자신의 우울한 감정을 보다 효과적으로 표현하는 것이다.

세 번째는 오락성이다. 그렇게 변형시킨 형태로 씀으로써 쓰는 그 자체를 즐기는 현상을 말하며 네 번째는 유대강화의 경향이다. 특정한 표현을 쓰는 사람들은 특정 집단 내에 속하는 구성원들뿐이며 다른 사람들은 그런 표현들을 쓰지 않으므로 구성원으로서의 응집력 또는 결집력 강화를 통해 유대감을 더욱 굳건히 할 수 있다.

마지막으로 심리적 해방감을 들 수 있다. 일상적인 대화나 비교적 규범을 지켜야 하는 글에서는 쓸 수 없는 비속어나 은어를 사용함으로써 심리적으로 해방감을 느끼는 것이다.

3

언어의 기능과 문화 그리고 사회

1) 언어의 기능[15)]

언어가 가지고 있는 여러 가지 기능을 이해하려면 먼저 언어 행위가 이루어지는 (즉, 우리가 말을 하게 되고 듣게 될) 때에 필요로 하는 요소들이 무엇인가를 알아야 한다. 언어의 표정이란 언어 행위를 구성하는 요소들의 표정이기 때문이다. 야콥슨(R. Jacobson)은 언어의 기능을 여섯 가지로 제시하고 있는데 말하는 사람, 말을 듣는 사람, 쓰인 말, 무엇에 대하여 말하게 되었는가 [말이 관계를 맺고 있는 관련 상황], 어떤 환경에서 말하게 되었는가 [말이 쓰인 분위기나 경로], 어떤 말을 사용 하였는가 [어떤 종류의 언어가 사용되었는가] 등을 생각하게 된다. 그리고 여섯 가지의 요소 가운데 어느 것 하나라도 없으면 언어 행위는 완전하게 이루어지지 않는다고 본다.

언어의 기능에 관해 Michael Halliday 는 다음과 같이 7가지로 구분하고 있다[16)] :

---

15) 언어의 기능에 대한 이론은 학자들마다 약간의 차이가 있는데 예를 들어 Van Ek 과 Alexander는 언어기능을 인사법, 헤어질 때, 초청, 수락, 칭찬, 축하, 찬사, 아부, 끼여들기, 요청, 불평등 약 70가지의 언어기능을 분류하였다.
Van E K & Alexander, J.A., Threshold level English, Oxford, 1975.

16) Halliday, M., Explorations in the functions of language, London, Edward Arnold, 1973.

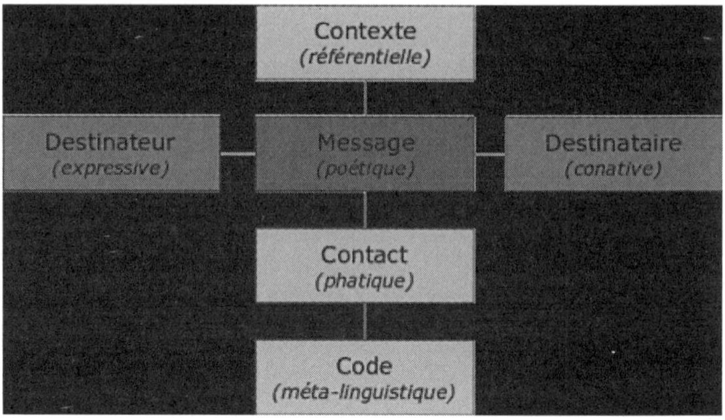

① 명령, 도구적 기능

어떤 사건이나 행동을 유발시키도록 유도하는 기능으로서 주로 명령에 관련된 표현들이 이에 속한다. 말이란 말을 듣는 상대방이 없으면 성립되지 않는다. 그리고 그 말은 반드시 듣는 사람에게 무엇인가를 행동하도록 요구한다. 이와 같이 말을 듣는 사람에게 초점이 맞춰진 기능을 `명령적 기능' 또는 `욕구적 기능'이라고 한다. 명령문은 이 기능을 극대화시킨 것이라고 할 수 있다. 특히 <캔디> 만화 영화나 <이상한 나라의 앨리스>를 보면 스스로에게 혼잣말을 하는 대사가 많이 등장하는데 이처럼 듣는 사람이 없는 독백의 경우에는 자기 자신을 듣는 사람으로 삼는 일인이역이 발생하는 것이라고 보아야 한다.

언어의 명령적 기능은 말을 듣는 사람에게 어떤 반응을 불러일으키게 한다. 지하철에서 50대 후반의 여인이 젊은 사람이

앉아 있는 자리 앞에 서서 흔히 하는 말이 <아이고, 다리야>이다. 이 말은 본인이 정말 다리가 아프다고 말하기 보다는 앉아 있는 사람이 자리를 양보할 것을 암중에 명령하는 것이다. <요즘 젊은이들은 장유유서 정신이 없다니까>라는 말까지 첨가된다면 앉아 있던 젊은이는 주위 사람들의 따가운 시선을 견디지 못하고 결국 자리를 양보하게 될 것이다. 결국 <아이고, 다리야>, <요즘 젊은이들은 장유유서 정신이 없다니까>라는 말을 듣는 듣는 사람에게는 <자리를 나에게 양보하지>라는 명령적 기능을 수행한 셈이다.

② 조절 또는 정보적 기능

어떤 행위에 관해 수락 또는 승인 내지 불허 등의 규제적 내용이나 특정 사실에 관해 말하는 사람이 듣는 사람에게 내용을 알려 주는 기능이다. 대상을 지시한다고 지시적 기능이라고 말하기도 한다. 이 기능은 우리가 세계를 이해하는 정도에 비례하여 이루어진다. 그러면 세계를 이해한다는 것은 무엇인가? 그것은 이 세상에 존재하는 사물에 대하여 이름을 부여함으로써 발생하는 것이다. 예를 들어 나무를 생각해보자. 인간이 생겨나기 전부터 이 나무는 존재했었지만 나무라는 이름이 붙여진 후에 인간은 나무에 대한 개념이 생겨나게 되며 따라서 나무의 존재를 인식하고 거기에 이름을 붙이기까지 그것은 인류에게 무의미한 것이요 없는 것이다. 여기서 중요한 것은

사물이 지닌 의미는 사물에 대한 인간의 인식이요, 사물 자체라고는 볼 수 없으므로, 이름이 사물과 맺고 있는 관계는 그 사물의 의미 (또는 개념)와 맺고 있는 관계보다는 강한 것이 되지 않는다. 구체적인 예를 들어보자. 흔히 많은 중·고등학교의 교사들은 학생들로부터 별명을 갖게 되는데 특히 학생주임의 경우 가장 많은 별명이 미친 개다 :

A : 야, 오늘 아침에 미친 개 교문에 있었니?
B : 그럼 없었겠냐?

위 대화에서 미친개라는 단어가 나타내는 의미는 <광견병이 걸린 개>를 의미한다. 그러나 미친개라는 이름은 실제 미친 개 자체를 의미하는 것이 아니라 이런 이미지의 선생을 나타낸다. 즉 이름은 사물과 직접 연결되지 않고 반드시 의미를 통하여 연결된다는 사실을 알 수 있다.

③ 표현적 기능

말하는 사람에 초점이 맞추어진 기능을 표출적 기능이라고 한다. 이것은 표현적 또는 정서적 기능이라고 하는데, 어떤 표현, 즉 쓰여진 말이 말하는 사람의 태도를 나타내 준다. 표현적

기능은 감탄, 욕설, 감탄적 형태를 통해 나타난다. 억양 뿐 아니라 몸짓, 행동과 같은 비언어적 특성들은 안면의 경련, 목소리의 굵음 정도 등은 애정, 즐거움, 분노, 놀라움, 고통, 열정 등의 표현하는데 중요한 역할을 한다. 예를 들어, <모래시계>의 마지막 장면에서 최민수가 했던 대사 <나 떨고 있니?>를 생각해보자. 굵고 떨리는 음성으로 말하는 그의 대사는 듣는 이로 하여금 긴장감과 비장함, 또는 슬픔과 아픔을 느끼게 했다. 그런데 만일 이 대사를 노홍철 버전으로 높은 톤의 음성으로 말한다면 그 감흥은 훨씬 덜할 것이다.

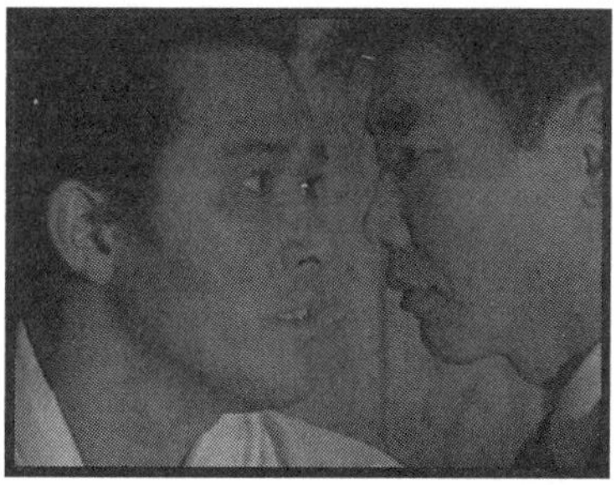
나 떨고 있니?

부탁해요

또 이덕화가 말해 지금까지도 회자되고 있는 <부탁해요>라는 말을 생각해보자. 매우 독특한 톤과 리듬을 지니고 있는 이 대사를 9시 뉴스 앵커의 톤으로 말한다면 매우 이상할 것이다. 이처럼 화자가 말하고자 하는 내용을 보다 효과적으로 알리기 위해 화자가 사용하는 것들이 언어의 표출적 기능의 모습들이다.

④ 상호작용 또는 친교적 기능

말은 반드시 의미를 전달해야 하는 사무적인 목적으로만 쓰이는 것은 아니다. 말하는 사람과 듣는 사람이 언제고 필요하기만 한다면 의사소통을 할 수 있다는 전제의 인식과도 같은 언어 행위가 있다. 이웃 사람들끼리 주고받는 인사말이나, 여행 중에 차 안에서 우연히 알게 된 사람과 나누는 날씨 이야기, 경치 이야기 따위는 말을 듣는 사람이나 하는 사람이나 간에 말이 전달하는 의미를 그렇게 중요시하지 않는다. 이때에는 다만 서로 이야기를 주고받는다는 사실만을 귀중하게 여긴다. 이러한 언어적 기능은 말을 주고받는 사람끼리의 환경 즉 의사 소통의 경로 (라디오나 TV 채널 같은 것)를 열어 놓고 있는 셈이다.

학생이 여자친구와 점심을 먹으러 걸어가다가 마주 오는 교수를 보았다.

A : 교수님, 안녕하세요?

B : 기진군. 여자친구가 바뀌었네. (또는 이 친구가 자네가 늘 말하던 영미인가?)

위 대화가 끝난 후에 남학생은 여자친구에게 몹시 시달릴 것이다. 나말고 또 사귀는 사람 있어?, 영미가 누구야? 등. 그러나 학생 A의 안부를 묻는 질문에 교수 B가 답변하지 않았다고 해서 누구도 어색한 대화로 보지는 않는다. 이때의 대화는 단지 두 사람이 서로 아는 사람이라는 확인과 정을 교환한 것뿐이다. 이러한 것을 모두 언어의 친교적 기능이라고 한다.

⑤ 개인적 기능

보다 친밀하고 친숙한 관계에서 발생하는 의사소통의 기능을 의미한다. 예를 들어 프랑스어에서 vous란 단어는 원래는 2사람 이상인 경우에 사용하는 인칭대명사이지만 상대방이 한 사람이리도 잘 모르는 사이거나 존경의 대상이 되는 사람이면 존칭의 의미로 vous를 사용한다. 반면 친한 사이에는 tu를 사용한다. 만일 학습자가 발화자가 Comment allez-vous? <어떻게 지내세요?> 라고 말을 듣는다면 학습자는 여기에서 vous 가 한 사람을 의미하는 것인지 아니면 둘 이상을 의미하는지를 알 수 없으며 이는 답변을 통해 알 수 있다. 답변이 je (나 : 1인칭 단수) 로 시작하면 상대방은 한 사람이며 답변이 nous (우리들 : 1인칭 복수) 로 시작한다면 두 사람 이상을 의미한다. 전자의 경우 우린 두 사람의 친숙한 관계를 미루어 짐작할 수 있다.

⑥ 학습적 기능

누구나 다 알고 있는 사실이지만 우리는 말을 통하여 새로운 말을 배운다.

<남성 동성연애자를 프랑스어로 Pédé라고 한다>, <참치를 프랑스어로 Thon(똥)이라 한다> <우리말로 아이들이 과자를 나타낼 사용하는 말이 "까까"인 반면 프랑스어로 "까까"는 (똥)을 의미한다>. 위 예문들에서 프랑스어와 한국어가 서로 관계하고 있는데 이처럼 언어가 언어끼리 관계하고 있다고 해서 이것을 관어적 기능이라고 부른다. 우리는 이 기능을 통해서 지식을 증진시키고 또 지식을 체계화한다. 이와 같이 새로운 어휘를 습득하고 외국어를 배우며 어떤 특정한 지식을 체계화하려 할 때 언어의 관어적 기능이 없다면 우리는 대단히 큰 불편을 겪어야 한다.

⑦ 상상적 기능

화자에 의하여 쓰여진 말은 그 말하는 사람의 의식적 · 무의식적 노력에 의해서 되도록 듣기 좋은 짜임새를 가지려 한다. 즉, 전언(message)은 아름다운 구조를 가지려고 한다. 말은 그 말 자체 속에 더 듣기 좋은 표현을 가지려는 본능적인 모습을 감추고 있는데 이것을 시적 기능이라고도 부른다. 언어를 예술적 재료로 삼는 문학에서는 이 미학적 기능을 가장 중요한 기능으로 삼는다. 예를 들어, 시인의 감정을 자유롭게 표현하는 서정시와 영웅의 장대한 업적을 낭송하는 서사시에서 보다 큰 효과나 감정을 불러일으키기 위해 낭송하는 방식이 달라진다. 또 똑같은 의미를 나타내는 어휘라도 학회 논문에 사용되는 것은 일상 어휘와 다른 어휘를 사용하며 정치인들의 성명 발표나 인터뷰를 보면 문장이 길고 어휘의 사용 또한 차이가 난다.

2) 언어와 문화

언어와 문화의 관계를 알아보기 위해서는 먼저 문화의 특성을 살펴봐야 할 것이다. 문화는 학자들에 따라 매우 다양하게 정의되지만 일반적으로 다음과 같은 특성을 보인다.

① 보편성

문화의 개념 속에는 인간의 정신적인 산물은 물론 물질적인 대상도 포함된다. 또한 어떤 것이 좋던 나쁘던, 아름답든 그렇지 않든 상과없이, 다시 말해 우리의 감성적, 도덕적 가치와는 관계없이 생활의 주요부분을 이루고 있으면 그것은 문화의 구성요소가 될 수 있는 것이다. 이러한 뜻에서 문화는 그것이 문명사회이건 미개사회이건 간에 모든 사회에 존재한다.

② 사회성

문화는 인간에게만 있는 것이고 문화가 없는 인간이란 생각할 수 없다. 즉 사회적 동물로서 인간과 문화는 떼어 놓을 수 없는 관계에 있고, 바로 이 문화가 다른 동물과 인간을 구별해 주는 기본이 된다. 이러한 점에서 문화는 비생물학적이고 비유전적인 것이다.

③ 학습된 행동

사람은 문화를 태어날 때부터 갖고 나오는 것은 아니다. 사람은 태어날 때, 문화를 배울 수 있는 능력만을 가지고 나온다. 즉 문화는 태어난 후에 학습되는 것이다. 문화와 학습에 관여하는 것들은 무수히 많다. 어린 시절에는 부모나 가족이 문화의 학습에 있어서 중요한 역할을 맡는다. 이러한 학습은 놀이 친구들, 책, 학교, TV 들에 의해서도 이루어진다. 이러한 의미에서 학습은 한순간 또는 어떤 비교적 짧은 기간 내에 이루어진 것이 아니라 평생에 걸쳐 행해진다.

문화가 학습에 의해 이루어진다는 점에 대한 반대 이론으로서 원숭이들의 학습행위가 많이 거론된다. 1953년 일본의 학자들이 특정 지역에 살고 있던 원숭이들의 생활을 관찰했다. 연구자들은 이 원숭이들에게 정기적으로 모래와 흙이 묻는 고구마를 먹이로 던져주었고 그때마다 원숭이들은 고구마를 움켜쥐고 털에 문질러 흙과 모래를 닦아내고 나서 먹었다. 어느 날 그 중 한 마리가 던져준 고구마를 움켜쥐고 달아나다가 해변가에서 바닷물에 떨어뜨렸는데 바닷물에 고구마에 묻은 흙과 모래는 깨끗이 씻겨지면서 오히려 먹기 좋을 정도로 짭짤한 맛까지 추가된 고구마를 얻을 수 있었다. 이것은 우연하게 얻어진 하나의 사실적인 지식이었다. 그 후 고구마를 바닷물에 씻어 먹는 '관습'은 한 두 마리씩 다른 원숭이들에게로 퍼져 나갔고, 수년 후에는 결국 그 원숭이 집단의 80-90 퍼세트의 원숭이들이 먹이만 던져주면 가능한 한 많이 움켜쥐고, 가까운 민물의 냇가를 두고서 멀리 바닷가로 달려가 씻어 먹더라는 것이다. 이것은 한 마리의 원숭이에 의해 얻어진 사실적인 지식이 그 집단의 다른 구성원들에 의해 학습되었음을 분명히 말해주는 것이다.

그러나 이는 인간의 문화 학습과는 분명 차이가 있는데 바로 인간의 문화 학습 과정은 직접적 또는 경험적 사실에 의해서만 이루어지는 것이 아니라 간접적, 비 경험적으로 전달된다는 점이다. 간접적인 방법 중에 특히 말이나 글을 통한 학습과정이 중요한 부분을 차지한다. 반면 원숭이가 바닷가에 흙이 묻은 고구마를 씻어 먹는 행위를 직접 눈으로 보고 경험한 원숭이들만이 이와 동일한 행동을 할 뿐, 이 모습을 보지 못한 원숭이들은 이와 같은 행위를 하지 못한다는 것이다.

④ 공유성

문화는 또한 공유한다. 한국 사회에 살고 있는 사람들은 그들이 아무리 다른 사람과 다르게 행동한다고 하더라도 기본적으로 다른 한국사람과 비슷한 행동양식을 보이게 마련이다. 만약 어떤 사람이 모든 일에서 다른 사람이 기대하는 바와 다르게 행동한다면, 그 사람은 그 사회 속에서 생활하는 것이 불가능하게 된다. 우리가 다른 사람을 이해하고, 다른 사람의 행동을 예측하고 다른 사람과 마찰 없이 지낼 수 있는 것은 바로 우리가 다른 사람과 문화를 공유하기 때문이다.

예를 들어보자. 영국에서 공부하던 한 유학생이 가족을 초대하여 여행을 하였다. 영국을 여행하고 프랑스로 와서 차를 빌려 관광을 하였는데 아차 하는 순간에 영국에서의 차 진행 방향으로 달리는 바람에 마주 오는 차와 정면 충돌하여 가족이 사망하는 안타까운 사건이 있었다. 이는 영국이라는 사회 집단 구성원들이 차의 주행 방향을 오른쪽이라고 정한 반면 프랑스는 왼쪽으로 주행한다는 공통적인 규칙을 공유하고 있었기 때문에 발생한 일이다.

⑤ 체계성

문화의 그 내용 하나하나가 별개로 떨어져서 있는 것이 아니라 하나의 전체 또는 체계를 이루고 있다. 어떤 문화의 한 요소는 그 자체로서 독립되어 존재하고 의미를 갖는 것이 아니라 무수히 많은 다른 것들과 관련되어 있으며, 그 관련 속에서만 의미를 갖는 것이다. 다시 말해 각각의 문화 요소는 하나의 전체 속에서 다른 것들과 관련을 이루며 존재하는 것이다.

그렇다면 언어는 문화와 어떠한 관련을 갖는가? 앞에서 문화의 특징에서 살펴보았듯이 언어는 문화의 학습과정에서 매우 중요한 역할을 한다. 다시 말해 언어는 문화를 추상(抽象)하여 전파(傳播)·전승(傳承)하는 기능을 가지고 있다. 다시 말하여 문화는 언어의 추상에 의하여 표현되고, 그 표현을 통하여 이웃으로 전파될 뿐만 아니라 다음 세대에까지 전승되는 것이다.

문화와 언어와의 밀접한 관계에 대해서 이상철은 문화의 속성과 언어의 속성간의 공통점을 들고 있다.[17]

	문화	언어
1	후천성	언어는 인위적으로 형성된다.
2	가변성	언어는 생성, 발전, 쇠퇴– 소멸이 과정을 거치면서 끊임없이 변화한다.
3	역사성	언어는 언어적 경험의 결정체이다.
4	가치 동등성	언어 간에는 우열이 없다.
5	가치 중립성	언이 지체는 기치기 내재되어 있지 않다.
6	비분리성	언어는 모든 단위와 요소들이 동시에 작용한다.
7	개방성	언어는 상호 교류와 접촉을 통해 더욱 발전된다.
8	편재성	인류가 존재하는 곳에는 언어가 존재한다.
9	다양성	언어는 여러 요인에 따라 다양한 모습을 띈다.

16) http://cafe.naver.com/gaury.cafe?iframe_url=/ArticleRead.nhn%3Farticleid=6127

문화의 특성과 언어의 특성의 이와 같은 공유성은 인간의 문화를 형성해 가는데 언어가 매우 밀접한 연관관계를 맺으면서 중요한 역할을 한다는 것을 보여준다.

3) 언어와 사회

언어는 사용되는 그 시대의 흐름을 가장 잘 반영하는 사회학적 특성 중에 하나이다. 1990년대 후반부터 컴퓨터 통신과 인터넷의 사용이 활성화되면서 N세대[18]라 불리는 청소년들이 인터넷 상에서만 사용하는 특정 언어들이 생겨났는데 이를 통신언어 또는 사이버 언어라고 일반적으로 칭한다.

① 사이버 언어의 특징

사이버 언어들은 어떠한 특징을 갖고 있는가? 우선 익명성을 들 수 있다. 익명성을 가지고 있기 때문에 인터넷 상에서 아이디나 아바타 등을 통해 자신만의 특징과 정체성을 가진 새로운 존재를 창출할 수 있다는 특성을 갖는다. 이는 단순히 자신

18) N세대란 지금(NOW) 새롭게(NEW) 나타나는 정보에 대한 '집착'은 N세대 문화와 인간관계에 있어 새로운 정의를 가능케 한다. 미국의 저명한 미래학자 돈 탭스콧은 'N세대의 무서운 아이들'이라는 책을 통해서 N세대의 특성을 10가지로 규정한다. 극단적 독립심, 감성적·지적 개방성, 포용성, 자유로운 표현과 강한 주장, 혁신, 성숙하기 위한 열정, 탐구심, 성급함, 기업적 이익에 대한 민감성(상업주의에 대한 민감성), 사실확인과 신뢰. N세대를 규정하는 이들 10가지 특성을 통해 돈 탭스콧은 다가오는 세기는 그들이 사회를 주도할 것이며, 이들의 합리적이고 과학적인 사고관이 사회를 변화시키는 척도가 될 것이라고 강조한다.

이 누구인지를 밝히고 싶지 않은 것 이외에 외모적으로 만족스럽지 않다던가 누군가를 닮고 싶지만 현실 속에서 이루어질 수 없는 대리만족을 충족시키기 위한 하나의 방법이 될 수 있기 때문에 아이디나 아바타의 외형 선정에 각별히 신경을 쓰는 경향을 보인다.[19)]

또한 일대 다수의 특성이 있어서 나의 말을 인원 제한 없이 누구나 들을 수 있다. 이 역시 심리적 영향이 크게 작용하는데 예를 들어 내성적이고 의견을 표현하는 방법이 서툰 청소년의 경우 오프라인 상에서 상대적으로 자기 주장이 강하고 외향적인 성향을 띤 또래들 사이에서 자신의 의견을 충분히 표출할 수 있는 기회를 갖지 못한다. 반면 사이버 공간 속에서는 자신이 하고 싶은 말을 다 할 수 있고 자신이 한 말에 댓글이나 통신 언어를 통해 대화를 할 수 있다.

그리고 통신언어는 특정 집단에 속하는 구성원들의 결속력을 다지는데 중요한 역할을 하는데 자신들만이 쓰는 언어를 사용함으로써 자신들의 집단 이외의 사람들과의 차이점을 드러내면서 자신들만의 공간을 지키려 한다. 이밖에도 통신언어를 사용할 줄 모르는 세대 간의 격차를 증대시키게 되며 나이의 많고 적음과는 상관없이 일정한 방식의 언어 사용할 수 있으며 화자의 성향이나 기분에 따라 상대방에 대한 호칭이 달라지는

---

19) 이러한 익명성의 특징으로 인해 통신 언어에서 욕설이나 저속한 말을 사용하면서 사이버 언어폭력을 조장하게 되기도 한다. 즉 사이버언어 예절인 네티켓이 결여되어 다른 사람의 기분을 상하게 하고 정신적으로 결정적인 피해를 주는 폐단이 된다.

언어라는 특성이 있다.

② 사이버 언어의 사용 동기[20)]

그렇다면 이렇게 사이버 언어가 발생하게 된 동기는 무엇일까 ? 그 주요 요인으로서 비용과 시간의 절감을 들 수 있다. 청소년을 위한 상담 가이드 <사이버 시대의 언어표현>의 조사 결과를 요약하면 다음과 같다. 초기의 인터넷, 아니 정확히 말하자면 PC통신은 xDSL/Cable/LAN 따위의 고속 통신망은 알지도, 알려지지도 않았고 소수의 PC통신 유저들만이 모뎀을 연결해 사용하고 있었다. 당시 56k모뎀이었으면 가히 "최고"라 할 만했으며 다들 아시다시피 모뎀이란 게 전화선을 연결해가기 때문에 괴물 같은 전화비를 먹는 데다 이 모뎀을 컴퓨터에 연결시켜두고 있으면 전화를 받을 수 없었다. 따라서 당시 PC통신 유저들은 단 1원의 전화비와 시간을 아끼기 위해 대화를 줄여서 사용하기 시작했는데 바로 여기서 "통신어"가 생겨나게 되었다. 그때만 해도 통신어의 목적이란 "요금절약" 이었으므로 어쨌든 말을 여러모로 짧고 간단하게 만들기 위해 노력했다.

또 자신이 표현하고자 하는 의도나 생각을 보다 생동감 있고 전달력을 강하게 하기 위해 시각적인 효과를 이용한 언어들이 등장하였다. 일정한 틀이나 체계에 맞춘 획일적이고 통일적

---

20) 사이버 언어 또는 인터넷 언어에 관련된 많은 자료들이 존재하는데, 여기에 열거된 내용들은 이들 자료들을 바탕으로 정리, 요약된 것임을 밝혀둔다.

인 언어 대신 이러한 사이어 언어를 사용함으로서 일상생활에서 벗어나 자유로운 마음 상태를 느낄 수 있게 되었다. 그리고 청소년기의 특징 중 하나인 호기심의 자극을 주기 위해 수수께끼나 암호와 같이 만들어서 이들을 해독하는 데서 재미를 느끼려는 욕구에서 비롯되기도 하였다. 구체적으로, 점점 전용LAN이나 초고속 인터넷망이 급속도로 확산되면서 이야기가 달라졌다. 더 이상 PC통신을 통해 인터넷 접속을 할 필요가 없어졌으며 인터넷을 하면서도 전화를 쓸 수 있었고 한 달에 무려 20만원이나 뜯기기도 하던 모뎀과는 달리 다달이 2~3만원만 내면 마음껏 인터넷을 쓸 수 있었다. 우리나라의 인터넷인구가 기하급수적으로 늘어난 때도 바로 이때였다. 이렇게 인터넷 사용이 자유로워지기 시작하면서, 통신어는 더 이상 "요금절약" 수단으로서의 의미를 잃어버리게 되었다. 통신어는 섬섬 "넛과 개성"이라는 코드로 우리에게 다가왔고 어느샌가 일명 N세대를 대표하는 하나의 문화코드가 되었다.

그 대표적인 예로 외계인어[21]를 들 수 있다. 발음을 이상하게 꼬고 표기도 조금 더 멋지게, 예쁘게 표현하는 경우로 언뜻 봐서는 금방 뜻을 알 수 없는 경우가 대부분이다. 한자, 첨자, 특

---

21) 특정 집단의 구성원들 사이에만 통용되는 이 외계인어는 한자, 첨자, 특수기호, 영어, 한글, 일어 등을 복합적으로 섞어 글을 쓰기 때문에 복잡하고 어지러운 "외계어"는 아이두 (http://www.idoo.net) 의 캠페인 중 일환인 "외계어 금지"가 시작되면서 처음 외계어란 이름으로 네티즌들에게 알려지게 되었다. 외계어는 통신어에 비해서 첫 인상이 귀엽다거나 예쁘다는 생각이 많이 들기 때문에 주로 10대 여자아이들이 사용하고 있는 실정이다.

수기호, 영어, 한글, 일어 등을 복합적으로 섞어 글을 쓰기 때문에 복잡하고 어지러운 "외계어"는 아이두 (http://www.idoo.net)의 캠페인 중 일환인 "외계어 금지"가 시작되면서 처음 외계어란 이름으로 네티즌들에게 알려지게 되었다. 외계어는 통신어에 비해서 첫 인상이 귀엽다거나 예쁘다는 생각이 많이 들기 때문에 주로 10대 여자아이들이 사용하고 있는 실정이다. 그러나 이러한 외계어는 서로가 알아보기 힘들어 언어의 기본적인 목적인 "의사소통"에 문제를 가져오고 또 타이핑에도 시간이 오래 걸려 비효율적이라는 단점이 있다.

③ 사이버 언어의 형태

사이버 언어라고 해서 아무렇게나 임의적 결정되는 것은 아니며 일정한 형태 체제를 갖추고 있는데 유형별로 살펴보면 다음과 같다.

a) 어휘의 변형

✽탈락과 결합[22)]

이는 통신 언어들의 특성 중 가장 두드러지는 현상으로서 모든 말을 준말로 사용한다는 것이다. 논리적 차원에서 아무리 타자를 빨리 친다 하여도 음성을 통해 정보를 전달하는 속도보다는 빠를 수 없다. 따라서 보다 속도감을 내기 위해 준말을 사용하기 시작하였다.

---

22) http://blog.daum.net/foruluna/715005

<table>
<tr><th colspan="2">음절 탈락</th></tr>
<tr><td>앞 음절 탈락</td><td>갑 → 동갑, 빠 → 오빠</td></tr>
<tr><td>가운데 음절 탈락</td><td>동회 → 동호회, 핸폰 → 핸드폰</td></tr>
<tr><td>뒤 음절 탈락</td><td>재방 → 재방송, 컴 → 컴퓨터</td></tr>
<tr><th colspan="2">음절 결합</th></tr>
<tr><td>표현</td><td>의미</td></tr>
<tr><td>채금</td><td>대화가 금지되어 말을 쓸 수 없을 때 쓰는 채팅용어
→ 채팅금지의 준말</td></tr>
<tr><td>팀플</td><td>팀을 이루어서 게임을 하는 것 → 팀플레이의 준말</td></tr>
<tr><td>즐겜</td><td>“즐겁게 게임하세요”라고 쓰이는 게임 인사.</td></tr>
<tr><td>도촬</td><td>몰래 사진을 찍는 것 → 도둑 촬영의 줄임말</td></tr>
<tr><td>열공</td><td>열심히 공부하다. → 열심히 공부하다의 줄임</td></tr>
<tr><td>출첵</td><td>출석체크 → 출석체크의 줄임말</td></tr>
<tr><td>불펌</td><td>허락받지 않고 스크랩하는 것을(펌질)
금지하는 것 → 不과 펌(퍼가다)의 합성어</td></tr>
<tr><td>갠전</td><td>개인끼리 게임을 하는 것 → 개인전의 준말</td></tr>
<tr><td>익게</td><td>“익명게시판”, 이름 또는 닉네임을 숨기고 쓸 수 있는 게시판
주로 고민상담용</td></tr>
<tr><td>안습</td><td>“안구에 습기차다”의 줄임말로 눈물난다, 슬프다</td></tr>
</table>

※생략과 첨가[23)]

음운 생략	
어두 모음 생략	탕 → 태양
어중 모음 생략	갑사 → 가입인사, 냉무 → 내용 무, 딥디 → DVD
어말 모음 생략	갠 →개인, 걸 → 거울, 마눌 → 마누라, 설 →서울, 젤→ 제일, 잼→재미, 겜→게임, 앤→애인
자음 생략	가이나 →가시나, 곰패이 → 곰팡이

이렇게 통신 언어에서 탈락, 축약, 생략 현상이 나타나는 이유는 통신 언어가 문어보다는 구어에 가깝기 때문이다. 구어에서는 보다 빠르고 편하게 말하기 위하여 이와 같은 언어를 대화시 종종 사용하는데, 이것이 통신 언어에도 나타나 그대로 표기되는 것이다. 반면에 첨가 현상은 정감, 애정적 표현과 같은 특정한 목적을 가지고 사용한다.

23) 이러한 현상은 영어에서도 찾아볼 수 있는데 b4 →before, hand → have a nice day, tx →think 등이 있다. http://blog.naver.com/ghostcapter?Redirect=Log&logNO=100001760997

음운 첨가	
ㅁ 첨가	잘 지냈는감, 되세염, 그런감, 아닌감, 나가지마염
ㅂ 첨가	캅페 →카페, 옵빠 → 오빠, 뽑뽀 → 뽀뽀
ㅅ 첨가	싸붓님 → 사부님, 싸멋님 → 사모님
ㅇ 첨가	여봉 → 여보, 이상 → 인사

✽ 연독[24)]

연독이란 소리 나는 대로 표기하는 것인데 한글 맞춤법에서 규정하는 것과는 상관없이 거의 모든 것을 소리 나는 대로 적는다.

된소리 : 단어의 첫머리, 공명음 뒤	짜식 (자식), 꽁짜 (공짜), 절때 (절대)
자음 + 자음	추카 (축하), 조타 (좋다)
자음 동화	벙개 (번개), 칭구 (친구)
ㅎ 탈락	미니 (많이), 시리 (싫이)
반모음 탈락	머해 (뭐해), 미어 (미워)

24) 앞의 주 23) 참고.

b) 의미의 변화

원래의 의미를 상실하고 다른 의미로 사용되는 경우를 말한다.

※ 아라비아 숫자와 로마자의 도입

20000(이만), 밥5(바보), 바2(바이 : BYE), 하2(하이 : Hi), 2929(에구에구), 10002(많이), 감4(감사), 드러 50쇼(들어오십시오)'

※ 한글 대신에 로마자를 쓰거나 대화 중간 중간에 외국어를 섞어 사용하는 경우

10C미(열심히), RU(are you), 근D(그런데), R겠G(알겠지), RG(알지)

※ 한국어의 의미 변형

잠수함	원 의미	물 속을 다니는 배
	변형의미	채팅할 때 말을 하지 않는 것
번개	원 의미	양전과 음전의 구름 사이의 방전 현상으로 몹시 빠르게 번쩍이는 빛
	변형의미	사이버 공간이 아닌 실제 공간에서 빠르게 만나는 것

<table>
<tr><td rowspan="2">도배</td><td>원 의미</td><td>종이로 벽·반자·장지 같은 것을 바르다</td></tr>
<tr><td>변형의미</td><td>대화방에서 자기 혼자 같은 말만 반복하는 것 같은 글을 연속적으로 올리는 것과 같이 쓸데없는 말로 화면을 꽉 채우는 것</td></tr>
<tr><td rowspan="2">유령</td><td>원 의미</td><td>죽은 사람의 혼령</td></tr>
<tr><td>변형의미</td><td>채팅방에서 대화명이 없는 경우나 통신 동호회에서 가입만 하고 활동이 없는 회원</td></tr>
</table>

이렇게 일상 언어에서 쓰이는 의미와 다른 뜻으로 언어가 사용되는 것은 기존의 가치 질서에 대항하고 자신들만의 독특한 문화를 창출하려는 신세대들의 심리가 반영된 것으로 보인다.

c) 의성어·의태어와 감탄사의 사용

컴퓨터 통신이라는 사이버 세상에서는 서로 얼굴을 보지 못한 채 이야기를 해야 하는 제약이 있다. 이런 제약을 극복하고 최대한 대화의 묘미를 살리기 위해 통신 언어에서는 일반적 발화에 비하여 많은 의성어나 의태어를 사용하는 것이다. 대화방에서 사라지는 것을 의미하는 '휘리릭'에서부터 칭찬을 듣고 자랑스럽거나 뿌듯하여 어깨를 들썩이는 모습인 '으쓱으쓱', 당황하여 땀을 흘리는 모습을 의미하는 '삐질삐질'까지 계속 의성어나 의태어를 사용하는데, 특히 의성어는 개인의 감정을 표정이나 음성적 차이를 반영 못하는 컴퓨터 통신상에서 자신의 감정을 드러내고 말을 이어주는 중요한 구실을 한다. 가장 많이 사용되는 의성어는 '웃는 소리'이다. 웃는 소리에 쓰이는 의성어로는 '푸하하, 냐하하, 쿠겔겔겔, 호호호, 하하하, 히히히, 헤헤헤, 키득키득, 캬캬캬, 꺄하하'등 자신의 개성에 따라 다양하게 쓰이는데, 웃음의 길이를 '하', '하하', '하하하', '하하하하하하하하'와 같이 철자의 반복으로 표현하기도 하며, 'ㅎㅎㅎ, ㅋㅋㅋ, ㅋㄷㅋㄷ'과 같이 모음을 생략한 형태로 표현하기도 한다. 그리고 놀람을 나타내는 감탄사도 '어머, 이크, 우와, 오홀, 우씨, 에궁, 호오, 허걱' 등과 같이 개성에 따라 다양하게 쓰이고 있다.

d) 이모티콘

이모티콘(Emoticon)은 감정(Emotion)과 아이콘(Icon : 컴퓨터 프로그램 기능표시 형상)의 합성어로 컴퓨터 자판의 문자와 기호, 숫자 등을 적절히 조합해 미세한 감정이나 특정 인물, 직업 등의 의미를 전달하는 사이버공간 특유의 언어이다. 컴퓨터 키보드 자판으로 문자·기호를 조합하여 간단히 만든 이모티콘을 사용하면 사람의 얼굴표정이나 모습 등은 물론 인종·인물·직업·동물 등을 재치 있게 표현할 수 있다. 인터넷과 PC통신이 확산되면서 사이버시대의 중요한 커뮤니케이션 수단으로 자리잡아가고 있으며, 그 종류가 2천여가지에 이른다. 대표적인 이모티콘의 예는 다음과 같다.[25)]

25) http://blog.naver.com/icewithice?Redirect=Log&logNo=60037344058

:-	웃고 있는 모습(옆으로)	0:-	천사
#:-	머리가 헝클어진 모습	8-	안경쓴 사람의 미소
:-*	키스	:-D	하하하
0.0	놀란 눈	=.=	졸린 눈
ㅠ.ㅠ	리얼하게 우는 것	*^.^*	얼굴이 빨개지면서 부끄러워하는 모습
^O^	즐거움	--;	황당, 난처함
(^-^)	기분이 좋거나 행복함	?.?	모르겠다, 이해안감
x.x	너무 아플 때	*.*	감격했을 때

컴퓨터 통신에서 이렇게 글씨가 아닌 그림으로 나타내는 이유는 글로 쓰는 것보다 훨씬 더 간단하게 자신의 뜻을 전달할 수 있기 때문이다. 사람을 보지 않고 글로만 상대방을 접하므로 자신의 기분이나 감정의 상태를 상대방에게 전하기가 어려울 뿐만 아니라 상대방의 감정이나 표정 역시 알 수 없다. 이모티콘은 이러한 미묘한 감정이나 상태 등을 솔직하게 전달하기 위해 사용한다. 그리고 이런 그림을 사용하면 화면의 단조로움을 피할 수도 있다.

---

http://jhsjhs89.egloos.com/1078153

4

언어의 학습과정과 방법, 그리고 발달

1) 학습과정

인간은 어떻게 언어를 학습할까? 많은 이론 중에 여기서는 언어학적 측면과 심리학적 측면에서 중요한 몇 가지 이론들에 대해 살펴볼 것이다.

① 언어학적 측면

a) 구조주의 언어학

우선 구조주의 언어학자들은 언어가 반복학습 또는 보상에 의해 언어가 습득된다고 본다. 즉 어린아이는 태어나서 자신이 속한 집단의 구성원들이 말하는 것을 듣고 흉내 내고 반복하는 과정을 통해 언어를 배운다는 것이다. 또한 특정한 말을 했을 때 어른들로부터 보상 (박수를 치며 좋아한다든가 입을 맞춘다거나 안아주는 행위)을 받으면서 자신에게 보상이 돌아온다는 것을 인식하며 이런 특정한 표현을 반복하게 된다.

이러한 반복학습에 의한 언어획득 이론은 행동주의 심리학에서 언어를 행위로 보고 인간이 경험적인 훈련에 의해서 즉 후천적인 방법에 의해 이루어진다고 말하고 있다. 그러나 사실 이 가설은 많은 의문을 제기하게 하는데 첫 째 경험적 관찰에서 아이가 태어나서 한 번도 들어본 적이 없는 문장을 만들어 내거나 이해하는 능력, 즉 언어 창조적 능력에 대해 설명할 방

법이 없다.[26]

b) 인지 언어학

두 번째로 인지 언어학의 관점을 들 수 있는데 촘스키를 중심으로 하는 생성문법에서는 언어 습득이란 언어의 규칙을 이해하면서 이루어진다는 것이다. 구체적으로 인간은 반복학습과정을 통해 언어를 배우는 것이 아니라

유전학적으로 언어를 학습할 수 있는 능력을 가지고 태어나면서 언어의 규칙을 통해 언어를 학습한다는 가설이다. 이는 언어의 창조성에 근거를 두고 있는데 만일 인간이 자신이 듣는 말만을 반복해서 학습하고 자신이 들은 말만을 말할 수 있다면 인간의 언어는 지극히 한정적이고 제약적이어야 하지만 실제로 언어는 언어 규칙에 따라 수없이 많이 창조되어진다는 특성을 가지고 있다. 따라서 인간이 언어를 후천적 반복학습에 의해 습득한다는 구조주의 이론과는 대립적 입장을 보인다.

c) 기능주의 언어학

세 번째는 기능주의 언어학 입장에서는 언어를 의사소통 그 자체로 본다. 구체적으로 언어습득은 아이가 성장과정의 하나로 저절로 이루어진다는 가설로서 아무리 정확한 발음과 문법

---

26) 언어 심리학자인 밀러에 따르면 20개의 단어로 만들어낼 수 있는 문법적 문장은 적어도 1012개는 되며 그걸 다 말하려면 거의 1010세기가 걸린다는 것이다. 그럼에도 불구하고 아이들은 4-5년 만에 거의 모국어를 완벽하게 구사한다.

에 맞춰 올바른 표현을 한다 해도 서로 간에 의미전달이 제대로 이루어지지 않으면 아무런 소용이 없다. 예를 들어보자. 프랑스 혁명 당시 배고픔에 굶주린 시민들이 루이 16세 왕이 살고 있는 궁전으로 몰려가 <배가 고프다. 우리에게 빵을 다오>라고 외쳤다. 이 모습을 보던 루이 16세는 신하들에게 <시민들은 정말 우매하다니까. 아니 배가 고프고 빵이 없으면 고기를 먹으면 될 것 아닌가>라고 말했다고 한다. 이처럼 아무리 정확한 문장을 만들어내도 그 문장이 전하려는 진정한 의미를 파악하지 못한다면 그 문장은 무의미해지며 피차간에 의사소통이 이루어지지 않는다. 이처럼 기능주의 언어학에서 언어는 형식 그 자체보다 기능이 더 중요하며 이런 의미에서 언어란 <의사전달체계>로 본다.

사회언어학의 관점에서 언어는 사회의 유형에 따라 습늑되어진다고 가정한다. 구체적으로 언어는 제한적 언어와 섬세적 언어로 구분되는데 제한적 언어란 고정적, 제약적, 축약적이며 구체성이 결여되어 있을 뿐 아니라 정확한 개념이나 구분 또는 정확성이 결여된 언어로서 대략적인 정보만을 전달한다. 주로 사회적 신분이 하위층에서 사용하던 언어로서 이 계급에 속하는 아이는 제한적 언어만을 습득하게 된다. 반면 섬세적 언어란 제한적 언어에 비해 구체적이면서도 정확하다는 특성을 가지며 따라서 보다 폭 넓은 사고 영역을 표현할 수 있다.[27]

---

27) 이 이론에 대한 가장 대표적인 사람은 Basil Berstein 으로서 사회계급에 따른 언어 학습의 우열화를 주장한다. Berstein B., *Aspects of*

② 심리학적 측면

a) 행동주의

행동주의 심리학자들은 언어 학습 과정이 반복학습에 의해서 이루어진다고 가정하였다. 구체적으로, Skinner는 쥐의 실험을 통해 보상을 통한 학습과정에 대한 이론을 제시했다. 구체적으로 통 안에 막대를 설치하고 이 막대를 건드리면 먹이가 나오도록 장치를 해놓는다. 통 안에 있는 쥐는 처음에는 우연히 막대를 건드려 먹이를 얻게 되지만 회수가 반복되면서 막대를 건드리면 먹이가 나온다는 사실을 알게 되며 자신이 먹이를 먹으려면 막대를 건드리면 된다는 사실을 인식하게 된다.[28)]

배운다는 것을 반복연습, 보상에 의한 강화의 개념으로 설명하고 있는 행동주의의 측면에서 어린이들의 언어 학습은 듣고 흉내내고 반복 연습하여 이루어진다는 것이다.

b) 인지주의

인지주의 심리학의 한 부류인 게슈탈트 심리학은 전체의 이해를 통해서만 개체파악도 가능하다는 가설을 주장하였는데 다시 말해 어떤 사물의 전체를 이해한다는 것은 곧 그 사물의

---

language and learning in the genesis of the social processe, in Language in culture and society, New York, 1964.

28) 이에 대한 자세한 내용은 다음을 참조할 것. Skinner, B.F. *Science and human behavior,* New York, Macmillan Publishing Company, 1953.

구성 원리, 원칙을 이해한다는 말이 된다. 이들에게 언어를 습득한다는 것은 흉내, 반복 연습을 통해서가 아니라 언어의 통사, 음운, 의미상의 규칙을 이해하게 되면서 이루어진다는 것이다.

Piaget는 인지주의 입장에서 언어의 학습단계를 어린아이의 연령단계에 따라 다음과 같이 구분하였다.29)

단계	연령	학습과정
1	0-2세	지각근육 운동기로서 아이는 단순한 반사신경의 사용에서부터 간단한 지각 작용과 근육활동을 활발히 한다.
2	2-4세	전작동기로서 자기중심적 자아를 갖게 되는 아이는 말을 배우고 개념정리를 하는 단계로서 사물을 순서대로 배열하는 능력을 갖게 된다.
3	4-7세	직관적 전작동기로서 사물의 범주를 구분하고 수를 알게 된다.
4	7-11세	구체적 작동기로서 구체적인 경험이나 현상을 가지고 논리적 사고를 하게 된다. 이 때의 사고 능력은 [지금 여기]에 한정된다.
5	11-14세	추상적인 사고가 가능해지는 시기로 추상적이거나 가능한 사실에 대한 가설, 논리적 사고를 배운다.

인지주의 입장에서 언어 학습의 특성을 식별과 일반화 과정으로 말할 수 있는데 식별이란 예를 들어 어떤 발음을 배울 때

29) Piaget, J. *The language and thought of the child*, New York, 1965.

이와 다른 발음들을 먼저 배제하고 이어서 그 발음의 다양한 형태를 일반화한다는 것이다.[30)]

인지학습과 관련하여 Ausubel은 언어습득은 의사소통을 위한 의미 있는 맥락 속에서 이루어진다고 가정한다. 즉, 자신이 처해있는 입장에서 필요한 내용과 관련된 표현만을 한다는 것이다.

2) 언어 학습 방법[31)]

언어를 어떻게 가르칠 것인가와 관련하여 언어 학습 방법은 학자들의 교수방법론에 따라 다양하게 구분된다. 먼저 장신재의 저서를 중심으로 제 제 2외국어에 관련된 주요 학습 방법을 요약 소개하고자 한다.

먼저 장신재는 Freire가 말한 외국어 학습의 목적을 다음과 같이 소개하고 있다 :[32)]

---

30) 장신재는 그의 저서에서 식별과 일반화 과정에 대해 다음과 같이 예로 설명하고 있다: "엄마라는 단어를 배운다고 하자, 이 경우 먼저 엄마 이외의 모든 발음을 배제한다, 그리고 나서 아빠.엄마, 할머니 등 모든 식구의 엄마라는 발음이 조금씩 달라도 일반화하여 알아듣는다.(..) 영어의 부정문을 배운다고 하자. I don't like it 을 배우는 과정을 예로 들면 부정문 이외의 모든 문장을 배제한다. I like it, I do like it 등등의 모든 문형을 배제한 후에 I don't like it, He doesn't like it, She didn't like it 등의 문장을 부정문으로 이해하게 되는 것이다. 장신재, 『언어 학습과 교육 : 영어를 어떻게 배우고 가르칠 것인가』, 신아사, 2004, p.49.

31) 장신재, *op.cit* p.304-323.

32) 장신재, *ibid.*, p.111-112.

a) 의사소통여부가 개인 생활, 사회생활 나아가 국제생활에 가장 중요한 문제이다.
b) 의사소통은 피차간의 이해로 증진될 수 있기 때문이다.
c) 의사소통은 의사소통을 가능케 하는 도구 즉, 언어를 배움으로 더욱 증진되기 때문이다.
d) 언어는 의사소통이 도구인데 외국어 학습은 더 많은 사람과의 의사소통을 가능케 할뿐만 아니라 국내, 국제간의 문화 상이점을 더 잘 판단케 하기 때문이다.

① 자연식 방법

이는 한마디로 어린 아이가 모국어를 배우는 방법과 똑같이 외국어 학습도 해야 한다는 것으로 로마귀족들이 그리스 노예들을 이용해서 아이들에게 그리스어를 가르친 방식에서 유래되었다.

② 직접식 방법

a) 목표언어만 사용한다.
b) 일상 생활에 쓰이는 문장과 단어만 가르친다.
c) 교사 학생간의 질문-대답식의 연습을 소집단에서 집중적으로, 단계적으로 수행한다.
d) 문법은 귀납적으로 가르친다.
e) 새로운 학습내용은 구두로 전달한다.
f) 구체적인 단어는 시범을 통해 사물자체나 그림을 통해 가르

치고 추상적인 단어는 연상법으로 가르친다.

g) 말하기와 듣기는 동시에 가르친다.

h) 정확한 발음과 문법을 강조한다.

③ 과학적 접근법 : 쓰기보다는 말하기에 역점을 둔다.

a) 말이 우선이므로 말 중심의 방법으로 가르쳐야 한다.

b) 음성학을 교육 및 교사훈련에 적용해야 한다.

c) 학습자는 문자화된 언어에 앞서 먼저 들어야 한다.

d) 단어는 문장에서, 문장은 의미 있는 맥락에서 학습되어야 하며 고립되어 학습되어서는 안 된다.

e) 문법은 의미 있는 맥락 속에서 깨우쳐져야 한다. 즉 귀납적으로 이해되어야 한다.

f) 번역은 피해야 한다. 모국어는 새 단어의 소개, 혹은 이해여부의 점검 때에만 사용해야 한다.

④ 문법-번역식 방법

a) 외국어 학습의 목적은 외국문학작품을 읽기 위함이고, 또 정신훈련이나 지적개발에 있다.

b) 읽기와 쓰기 중심의 교육이며 듣고 말하기에는 체계적 관심을 두지 않는다.

c) 단어는 개별적으로 번역해서 혹은 사전을 통해 뜻을 알고 암기한다.

d) 문장이 언어교육의 기본단위이다.

e) 난해한 고전 읽기를 처음부터 시도한다.
f) 발음에는 주의를 기울이지 않는다.
g) 길고 정확한 문법 설명을 행한다.
h) 학습자의 모국어로 수업을 진행한다.

⑤ 읽기 방법

a) 문법은 읽기에 필요한 부분만 가르친다.
b) 단어는 처음에 빈도수와 유용도에 따라 조절하고 차차 확대해간다.
c) 애매한 내용의 이해를 위해서는 번역을 사용한다.
d) 읽기는 읽어서 내용을 직접 파악하는 것을 목표로 한다.
e) 발음훈련은 읽을 내용을 읽어 가면서 훈련한다.
f) 교사는 학습언어를 유창하게 말하는 능력을 필요로 하지 않는다.

⑥ 구두접근 및 환경언어교수법

a) 말하기부터 가르친다.
b) 목표언어를 수업용어로 사용한다.
c) 새로운 학습내용은 환경에 기초하여 소개한다.
d) 어휘선정은 기본적이고 일반적인 단어부터 택한다.
e) 문법항목은 쉬운 것에서 어려운 것으로 순서를 정해 단계적으로 가르친다.
f) 읽기와 쓰기는 충분한 어휘지식과 문법지식이 형성된 뒤에

실시한다.

⑦ 청각구두법

a) 수업은 대화문으로 시작한다.
b) 언어는 습관형성이므로 흉내-암기를 통해 학습한다.
c) 문법요소는 난이도에 따라 순서대로 학습하되 귀납적으로 한다.
d) 언어기술도 듣기, 말하기, 읽기, 쓰기 순으로 습득한다.
e) 초기학습단계에서 단어는 제한해서 가르친다.
f) 필요하면 언어의 의미나 맥락과 관계없이 문법에 맞는 문형을 만들어 가르친다.
g) 학습활동, 학습교재는 통제되기 때문에 교사는 문법, 단어만 잘 알면 된다.
h) 학습자의 모국어는 사용하지 않는다.
i) 시각적 교구를 많이 활용한다.

⑧ 인지주의 접근법

a) 학습은 학습자가 이미 알고 있는 것에서부터 시작한다. 이미 아는 문법지식, 이미 아는 목표 언어지식 위에 새로운 학습 내용을 세운다.
b) 새로운 자료는 학습자들의 기초지식, 혹은 그들의 일상생활 경험과 연결해 준다.
c) 단어학습외엔 반드시 유의적 학습을 수행한다.

d) 새로운 자료와 학습자의 지식이나 경험을 도표나 도식을 사용해서 연결한다.

e) 일기 쓰기도 듣기 말하기와 마찬가지로 강조된다.

f) 학습자가 관련되는 학습환경을 조성한다.

g) 시각교재, 시범 등은 물론 학급자의 모국어도 사용하여 외국어의 의미와 형식을 이해하는데 도움을 준다.

h) 귀납적, 연역적 등 필요한 모든 방법을 다 사용한다.

i) 문법을 가르쳐야 하며 문법은 추상적 문법자체가 아닌 실제로 활용되는 기능적인 면에서의 문법을 말한다.

j) 발음은 강조하지 않는다. 실제로 정확하고 완전한 발음은 불가능하기 때문이다.

k) 오류는 피할 수 없는 것이므로 수용하고 오히려 이를 학습에 이용한다.

l) 학습자의 배경, 학습능력의 차이를 알고 가르친다. 개인학습을 수행하고 학습자는 스스로의 학습을 책임진다.

m) 학습자의 학습에의 유의적 참여를 강조한다.

n) 교사는 목표언어의 문법지식 위에 목표언어의 훌륭한 구사능력을 가지고 있어야 한다.

o) 언어는 습관형성이 아니라 규칙습득임을 알고 가르쳐야 한다.

⑨ 어휘접근법

이는 언어의 핵심적 중심이 되는 것이 어휘라는, 즉 어휘가 언어표현의 중심이라는 생각에서 나온 방법론으로서 단어의 중심 부분을 통해 어휘의 뜻을 이해해 가는 방법인 핵심어 접근, 어휘의 뜻을 독립적으로 이해하는 정의적 접근, 그리고 문장 안에서 어휘의 뜻을 이해하는 문맥적 접근 등으로 세분화될 수 있다.

⑩ 협동 언어 학습법

학습자가 사회적, 교육적으로 조직화된 환경 속에서 대화함으로써 의사소통 능력을 발전시켜 간다는 가정 하에 사회적 상호작용을 언어 학습의 중요한 요소로 간주한다. 협동 언어 학습법의 기본적인 목적은 경쟁보다 협동을 키우고 비판적 사고력을 발전시키며 사회적으로 조직화된 상호작용 활동을 통한 의사소통력을 개발하는데 있다. 또한 효율적인 언어 학습을 위해 학생 스스로가 적극 참여할 것을 강조한다.

⑪ 내용중심 학습법

언어는 실제로 사용되는 환경 속에서 학습효과가 높다는 가정 하에 학습자들이 필요한 정보를 흥미롭고 유용하게 목적달성을 위해 얻을 때, 학습이 자신들의 요구에 부합될 때, 그리고 이미 알고 있는 것이나 이해하고 있는 것을 중심으로 학습을 하는 것이 효과가 높다고 주장한다.

이를 위해 모든 학습의 내용이 학습자들의 흥미를 자극해야 하고 다양한 훈련을 통해 학생들이 이해와 언어 구사를 가능하게 해야 하면 궁극적으로 상호 의사소통이 원활하게 진행되도록 해야 한다.

⑫ 과업중심 학습법

언어는 기본적으로 의미를 전달하는 수단이며 따라서 언어 사용에 있어서 의미의 역할에 중점을 두어야 한다는 것이 가장 중요한 핵심 사항이다. 이를 위해 학습자의 현실 세계를 정확히 분석해서 학습자들이 필요로 하는 구체적 요구에 부응해야 한다.

이 밖에도 이해기본 접근법, 의사소통언어교수법 등 제 2외국어 학습 방법에 다양한 교수법들이 존재하는데 모국어, 제 2외국어의 구분 없이 언어를 가르치는데 있어 간과해서는 안 되는 사항들은 학습 교육과정의 전체적 목표를 정하고 효과적인 교육내용을 위해 내용의 체계적인 조직화가 필요하다.

5

언어의 구분

수천가지가 넘는 다양한 언어들을 어떻게 구분할 수 있을까? 언어들을 분류하는 데는 크게 두 가지 원칙이 존재하는데 첫 번째는 유형학적 분류이며 두 번째는 유전학적 분류이다. 언어의 유형학적 분류는 어군이나 어족 보다는 언어들의 구조에서의 어떤 공통적인 특성들에 관한 기능을 통해 언어들을 재결집하고 기술하는데 목적이 있다. 반면 유전학적 분류는 모어에서 파생되었을 것이라는 추정 하에 어족 즉 실제적으로 유사성을 갖는 언어들의 전체로서 관심을 갖는다.

1) 유형학적 방법

유형학적 분류에서 언어들은 여러가지 다양한 언어학적 특성에 따라 특징지어지는데 예를 들어 우린 언어를 음성학, 음운론, 형태론 또는 통사론적 기준에 따라 분류할 수 있다 ;

① 음성학 또는 음운론적 기준

우린 언어를 모음 체계의 기능에 따라 구분할 수 있다 : 언어들은 세 개의 모음([i], [u], [a])과 원순 모음이 아닌 전설 이중 조음, 원순 모음이 아닌 이중 후설 모음 그리고 이준 모음 지속의 언어로 구분할 수 있다.

자음의 경우 어떤 언어학자들은 발음 방식 기능에 따라 언어를 구분하려고 하였다 : 폐쇄 자음, 마찰 자음 ([t]), 선 비음 자음과 후 비음 자음, 유착음 언어 등. 다른 언어학자들은 중국어, 베트남어, 버만어 처럼 억양을 통해 언어를 분류하였다 : 고정된 강세 억양을 갖는 언어들 (체코어, 핀란드어, 헝가리어), 음운론적 가치를 갖는 강세 억양의 언어 (러시아어) 등.

② 형태론적 기준[33)]

유형학적 분류 체계들 중 형태적 어순에 관한 기준이 가장 널리 알려져 있다. 형태론적 기준에 따르면 언어는 세가지 주 유형으로 구분되는데 고립어 (les langues isolantes), 교착어 (les langues agglutinantes), 굴절어 (les langues flexionnelles)가 그것이다.

a) 고립어

단어들이 불변하는 성향을 가질 때 고립어라고 여겨지는데 사실 언어는 형태소들 각자가 고립될 수 있는 철자적 단어와 동일한 경우 고립된다. 예를 들어 성과 수의 표식자들은 구분되는 형태소를 구성하며 어휘소와 분리되는데 왜냐하면 단어의 각자는 유일한 어근에 해당하기 때문이다. 가장 많이 알려져 있는 고립어들로는 중국어, 광동어, 베트남어, 라오스어, 캄보디아어 등이다.

33) 그러나 이러한 구분들이 절대적 기준으로 여겨질 수는 없는데 왜냐하면 프랑스어는 때때로 굴절 유형(cheval/chevaux)이기도 하고 고립어 유형(je suis/tu es), 또 어느 경우에는 교착어 유형(épais/épaisse)이 되기도 하기 때문이다. 따라서 각 언어들에서 가장 중심적이고 지배적인 특성에 맞추어 정의하는 것이 필요하다.

b) 교착어

반대로 교착어에서 우린 어근에다 문법적 특성을 나타내는데 사용되는 구분되는 일련의 형태소들을 첨가할 수 있다. 이런 유형의 언어들에서 접사들 (접두사, 접미사 등)은 문법적 또는 통사적 기능으로 명확하게 분석된다. 대표적인 언어로 터키어, 스와일리어, 하이티의 크레올어 등이다.

c) 굴절어

굴절어에서 어근들은 성, 수, 격 또는 인칭, 시제, 법, 태 등의 다양한 문법적 접사들을 동반할 수 있다. 대부분의 유럽 언어들이 굴절어로 여겨진다. 라틴어에서 bonus dominus, boni domini, bonos dominos는 주격(주어), 남성 단수(bonus dominus), 또는 단수 남성 여격(boni domini), 복수 남성 주격 (boni domini), 복수 남성 목적격 (bonos dominos) 에 해당하는 형태소들이 대립한다.

③ 통사적 기준

지구상에 존재하는 언어들을 분류하는 또 다른 기준으로서 문장 안에 있는 단어들의 어순에 중점을 두는 방법이 있다. 다른 말로 해서, 언어들을 구분 짓는데 사용되는 것은 바로 통사적 기준이다. 이렇게 하기 위해서 우린 문장 안에서 주어, 동사, 보어의 순서를 비교한다. 프랑스어의 경우, 가장 많이 사용되는 어순은 주어 + 동사 + 보어이다. 반면 한국어의 경우 주어 + 목적어 + 보어이며, 웨일스어는 동사 + 주어 + 보어의 어순이다.

이러한 유형학적 분류 체계는 분명 흥미롭기는 하지만 너무 제약적이라는 단점이 있다. 이러한 이유로 인해 많은 언어학자들은 언어를 군 또는 족 즉 유전학적 방식을 선호한다.

2) 유전학적 방법 (La méthode génétique)

유전학적 방법은 19세기 프랑츠 봅에 의한 언어의 생물학적 개념으로부터 유래한 것이다. 그는 언어를 인간처럼 생성, 삶 그리고 죽음의 과정을 겪는다고 보았다. 이러한 개념에 따르면 언어들은 <부모>를 가지고 있다 : 이런 의미에서 우린 <모어>, <자매어>, <사촌어>에 대해 말한다. 이러한 유전학적 어휘가 언어학에 적용되면서 역사적 의미로 많이 사용된다. 고대 언어의 상태를 연구할 때 언어학적 친족성에 대해 생각하는 것이다.

지구상에 존재하는 수천개의 언어를 분석하면서 언어학자들은 여러 언어들이 같은 원천적 유형에서의 다른 변천을 보여주는 다소간 밀접한 친족성의 관계를 발견할 수 있었다. 일반적으로 같은 근원을 가진 모든 언어들로 형성된 전체를 언어학적 어족이라는 이름을 붙인다(예를 들어 인도-유럽어족, 셈족어 등).

그리고 이 어족들은 하위어족으로 다시 분류되고 (예를 들어 로망스어, 게르만어, 슬라브어 등) 이 하위어족의 언어들은 서로간에 더 밀접한 유사성을 가진 언어들로 구성된다. 그래서 로망스 언어들 (프랑스어, 스페인어, 이탈리아어 등) 게르만 언어들 (영어, 독일어, 덴마크어 등)과 슬라브 언어들 (러시아어, 폴란드어, 체코어 등)과는 구분되지만 모두 인도-유럽어족이라는 같은 어족에 속한다.

언어들 사이에 유사성의 관계를 설정하는 것이 항상 진정한 모어에 근거를 둔다고 믿어서는 안 된다. 어떤 경우에는 언어 전체를 구성하기 위해 비교적이고 역사적인 분석에 따르는 가설이기 때문이다. 우리가 확신할 수 있는 사실은 여러 언어들 사이에 의심의 여지가 없는 유사성을 갖는다는 것이다.

6

언어학의 분류

언어학은 언어를 대상으로 연구하는 학문으로서 언어의 어떤 측면에 강조를 두느냐에 따라 종류가 매우 다양하다.

1) 음성학 (phonétique)

지각할 수 있는 모든 음성의 차이를 대상으로 연구하는 학문이다. 구체적으로 인간의 청각으로 구분할 수 있는 소리의 물리적인 속성과 인간이 어떻게 각각의 소리를 구분해서 말하고 인식하는지 등을 연구한다. 발화자가 소리를 발산하는 다양한 신체 기관을 통해 소리를 내는 과정과 이 소리가 공기와의 접촉을 통해 진동되면서 상대방의 청각기관에 도달하는 과정 등 그 연구 대상의 성질이 복잡하고 탐구 영역이 광범위하다.

① 조음음성학

생리음성학이라고 불리기도 하는데 언어행위가 화자와 청취자의 존재를 전제로 한다는 조건 하에 화자를 대상으로 화자가 메시지를 발할 때 그 발음기관의 움직임을 연구한다. 여기서 메시지를 발산하는 발음기관이라 함은 혀, 입술, 턱, 입천장, 이빨으로서 이들이 어떻게 상호 작용하여 특정 말소리를 만들어 내는가에 초점을 맞춘다.

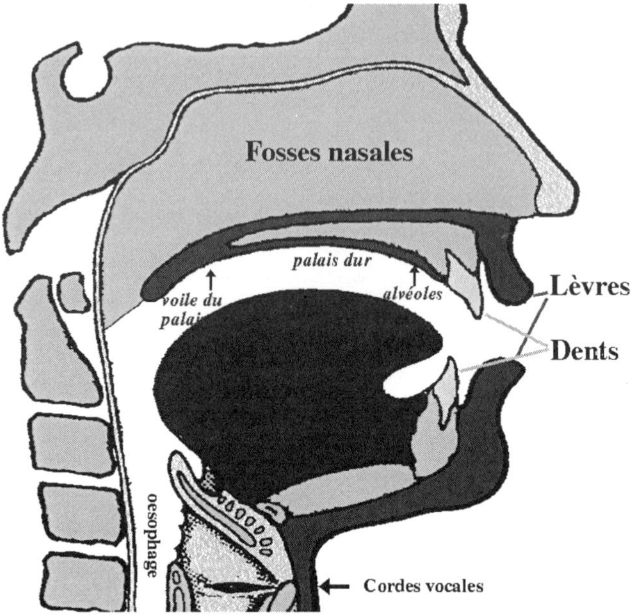

② 음향음성학

물리음성학이라고도 불리며 음성의 물리적인 구조를 음향·물리적인 표현으로 분석한다. 그 과정을 구체적으로 살펴보면 먼저 입 밖으로 나온 소리가 귀에 도달하기까지의 물리적인 과정을 전제로 하여 발음기관의 움직임을 관찰하여 소리의 발생 방식을 기술·분석하는 것인데, 음성학의 연구에서 가장 널리 이용될 뿐만 아니라, 가장 오래 된 분야이기도 하다.[34] 음파를

34) 이미 2,000여 년 전에 인도의 파니니(Pānini)는 이 방법으로 언어음성을 정교하게 기술한 바 있고, 최근에는 전자인공구개가 개발되어 연구에 한층 박차를 가하고 있다.

물리적 현상으로 파악하여 실험 ·분석하기 때문에 이를 위해 오실로스코프와 같은 기기들을 사용하여 언어음성의 객관적인 분석 ·기술에 많은 성과를 거두고 있는 중요분야이다.

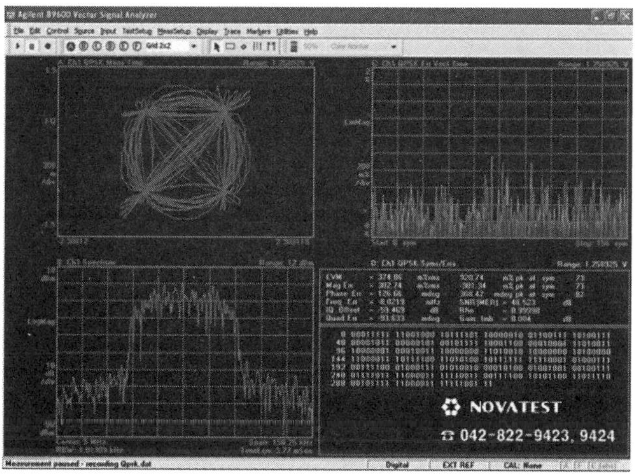

오실로스코프

③ 청취음성학

소리에 관련된 부분을 연구하는 학문을 청취음성학(auditory phonetics)이라고 한다.

④ 실험음성학 (phonétique instrumentale)

기계음성학이라고도 하는데 음성학자가 자신의 감각에 의하여 음성을 직접 관찰 연구하고 그 결과를 보충하거나 명시, 또는 교정하기 위해 기계를 사용한다.

이 밖에도 탐구 범위에 따라 모든 언어를 대상으로 인간의 모든 음성적 실현을 연구하는 일반 음성학, 특정한 언어나 방언의 음성적 특성을 연구하거나 둘 또는 그 이상의 여러 언어들의 음성적 차이를 연구하는 비교 음성학, 언어의 역사를 통해 음성의 변화를 연구하는 통시음성학, 음성을 변화의 한 수간에 공시적으로 연구하는 공시음성학 등이 있다.

그런가 하면 교육적 의도에 따라 외국어의 정확한 발음을 습득하게 하고 발음을 교정하기 위해 교실이나 실험실에서 시행되는 방법과 기술을 주요 내용으로 하는 교정음성학, 음성들이 결합하는 과정에서 서로에게 어떤 영향을 주며 어떠한 방법으로 변화하는가를 연구하는 결합음성학도 있다.

2) **음운론** (phonologie)

언어 음성의 기능적인 면을 연구하는 학문으로서 음성요소의 조음적, 음향적 현실이나 무수한 개인적인 변이음을 무시하고 메시지의 이해와 이바지하는 음성적 구분만을 다루며 음성학과 마찬가지로 다양한 분야로 구분되는데 음성의 성격, 탐구범위 등에 따라 다양하게 세분화된다.

① 음소론 (phonématique)

주어진 언어의 제한된 수효의 음소, 동일 언어의 여러 음소들을 상호대립 시키는 변별적 특징, 발화연쇄 내에서의 음소들의 배열 규칙을 연구한다. 음소란 언어의 2차 분절의 단위로서 의미를 지니지 않은 음성 형태의 최소단위를 말한다. 모든 언어는 음성적 성격을 지니므로 그 단위인 음소도 이 음성적인 특징에 의해 정의된다.

음소는 그 언어에 특유한 변별적 특징이라고 불리는 음성적 특징들로 구성되어 있으며 이것이 각 음소를 상호 대립시켜 준다. 예를 들어 /p/는 [양순음, 무성, 비모음]이라는 변별적 특징을 갖는다. 이 변별적 특징들은 결코 단독으로 발화연쇄의 한 계점에 나타나는 것이 아니라 음맥이나 발화 상태, 화자의 개성 등에 따라 변하는 다른 음성적 특성과 결합하여 나타난다. 그리하여 동일 음소는 상이한 음성에 의해 구체적으로 실현될 수 있으며 이 음소를 동일 언어의 다른 음소들과 구별하여 주는 특성을 공통적으로 갖는다.

음소는 각 언어에서 수가 정해져 있고 또 언어에 따라 그 성질과 상호 관계가 다르므로 각각 다른 언어에 속하는 두 음소가 완전히 같을 수는 없다. 왜냐하면 음소는 그가 속해있는 언어의 다른 음소와의 대립을 통해서만 정의되기 때문이다.

② **생성음운론** (phonologie générative)

음소가 복합체 구조를 갖는다는 점을 유지하면서 음소 자체의 존재를 부정하면서 형태소 단계에서 직접 실현된 언술에 있어서의 표준발음의 음성형태를 분석한다. 예를 들어 bain과 pain을 대립시키는 것은 유성음이라는 변별적 특징이라는 것이다.

이 밖에도 특정 언어의 음운체계의 특수성을 연구하는 개별 음운론과 모든 언어의 음운체계의 기능을 지배하는 일반적인 법칙을 연구하는 일반음운론, 그리고 둘 또는 여러 언어들의 음운체계의 유사점과 차이점을 연구하는 비교음운론, 언어의 역사 또는 일정한 상채네서의 음운체계를 연구하는 통시음운론과 공시음운론이 있다.

3) 형태론

형태론은 인간 언어에서 의미를 지니는 가장 작은 단위인 형태소에 대해서 연구한다. 우선 단어의 내부 구조를 지배하는 규칙과 관련하여 이 단어가 성, 수, 시제, 인칭 또는 격과 같은 범주에 따라 취하는 여러 가지 단어의 굴절어미를 연구하거나 단어의 내부 구조의 규칙과 동시에 문장을 형성하기 위한 단어 또는 통합체간의 결합규칙을 연구한다. 이 경우 단어의 형성, 굴절, 통사관계의 연구를 내용으로 한다. 형태론에서의 주요 개념은 다음과 같다.

① 형태소

형태소(morphème)란 최소기호 즉 의미를 지닌 가장 작은 언어형태를 지칭한다.

a) 자립 형태소 (morphème libre)

단독으로 나타날 수 있는 최소한의 형태소 단위 (à, moi, si)

b) 의존 형태소

단독으로는 절대로 나타날 수 없는 단어의 구성단위이다 (approximativement에서 -ment).

4) 통사론

통사론은 단어들이 단어군과 문장을 형성하기 위해 결합하는 방식을 연구한다. 통사론에서 중요시 되는 개념들을 살표보면 다음과 같다.

① 구성성분들의 관계

우리가 통사론적 구성성분을 중요하다고 여기는 이유는 바로 통사적 조직체 안에 부여한 무엇인가와 의미 사이에 대립을 쉽게 찾을 수 있기 때문이다. 다음 세 문장을 보자:

(1) Jean regrette son pays. (장은 고향을 그리워한다.)
(2) Jean est nostaligue de la région où il a vécu. (장은 자신이 살았던 지역에 대한 향수를 가지고 있다.)
(3) Luc promène le chien. (뤽은 개를 산책시킨다.)

(1)과 (2) 문장에서 우린 한정된 문맥 안에서 이들은 거의 같은 의미를 나타낸다고 말할 수 있다. 그러나 여기에 사용된 단어들의 범주와 이들의 관계는 매우 다르다. 반대로, (1)과 (3)은 의미적으로는 서로 관계가 없지만 통사론적 입장에서 보면 동일한 구조를 가지고 있다 : 범주와 이들의 관계.

우린 여기서 통사적 구조에 대해 말하는데 왜냐하면 한 언표는 단순히 단어들의 나열이 아니라 단위 유형과 이들이 개입할 수 있는 결합에 있어 제약이 존재하기 때문이다. 이 구조는 적어도 동일한 단어의 나열에 두 개의 통사적 구조를 연결시킬 수 있는 통사적 애매성에서 나온다.

Léon a vu le bouquet de sa chambre.

이 문장은 두 가지 해석을 가질 수 있다. de sa chambre가 le bouquet de sa chambre 전체의 명사군 속에 포함되어 bouquet의 보어로서 기능할 때이다. 이럴 경우 해석은 <레옹은 자신의 방에 있는 꽃다발을 보았다>이다. 또 다른 하나는 위치를 바꿀 수 있는 장소의 상황보어로 사용되었을 때이다.

De sa chambre Léon a vu le bouquet.

이 때 해석은 <레옹은 그의 방에 (있는 위치에)서 꽃다발을 보았다]

de sa chambre의 두 개의 해석에서 우린 같은 범주들을 사용하였지만 다른 구성성분들과의 관계인 기능면에서는 다르게 작용된다.

② 위치

통사적 구조는 첫눈에 보이는 것이 아니다. 연속적으로 이어져 있는 단위들의 배열 뒤에 있는 것을 봐야 한다. 다음을 살펴보자.

(1) Avec Jean le patron discute souvent. (쟝과 함께 상사는 자주 토론한다.)
(2) Le patron discute souvent avec Jean.
(3) Le patron avec Jean discute souvent.

Avec Jean은 이 세 개의 문장에서 동일한 자리를 차지하고 있지 않다. 그러나 우린 자연적으로 이것이 동일한 문장이라고 말할 것이다. 우리가 강조(insistance) 현상을 고려하지 않는다면 구성성분들과 이들의 관계 (avec Jean)은 때때로 동사 discute의 보어이다), 그로 인해 초래되는 의미는 동일하다. 여기서 우린 일종의 통사적인 애매성의 조화를 발견할 수 있다. 동일한 단어들의 연속체에 다른 통사적 구조를 갖는다면, 우린 동일한 통사적 구조를 결합시킨 동일한 단어들의 다른 결합을 갖는다.

만일 (1), (2), (3)에서 우리가 자리의 변화에서 불구하고 단어들 사이에 관계가 안정되어 있는 동일한 구조를 갖는다고 말할 수 있다면 반대로 다음과 같은 예를 통해서이다:

(4) Le chat attaque le chien. (고양이가 개를 공격한다.)

(5) Le chien attaque le chat. (개가 고양이를 공격한다.)

여기서 단어들이 비록 동일하고 같은 범주에 속하다 하더라도, 우린 더 이상 같은 문장이라고 할 수 없는데 왜냐하면 구성성분들간의 관계가 변형되었기 때문이다.

5) 의미론

의미론은 언어의미, 즉 단어, 구, 문장의 의미를 연구하는 학문으로서 접근 방법에 따라 두 가지로 나뉜다. 먼저 단어의 의미를 먼저 파악한 다음 문장의 의미에 접근해야 한다는 주장이 있는데 이는 문장의 총체적 내용은 문장의 구성요소인 단어의 의미와 통사론에 의해 결정된다는 이론을 내세운다. 반면 의사소통의 진정한 단위는 문장이므로 직접 문장의 단계에서 의미를 파악해야 한다는 이론이 있다.

어휘 분석에서 주로 쓰이는 방법은 각 단어에 의미자질을 부여하여 의미를 파악하는데 이 의미자질은 이분법에 의해 나타난다. 즉, 어떤 의미자질의 성격이 있으면 +, 없으면 - 값을 부여한다. 예를 들어 homme는 [성인] [수컷]이라는 의미자질에 각각 +값을 부여받는다. 반면 femme는 [성인]에 대해서는 + 값을, [수컷]에 대해서는 - 값을 받는다.

이러한 이분법에 의한 의미자질을 부여하는 것은 우선 두 단어의 의미관계를 다른 두 단어의 의미관계와 비교 설명할 수 있다는 장점이 있다. 예를 들면 homme와 garçon의 의미관계는 homme와 fille의 의미관계보다 더 밀접하다. 그 이유는 homme와 garçon은 의미자질에서 [수컷]에 대해 똑같은 +값을 갖지만 homme와 fille는 [수컷]에 대해 서로 다른 값을 갖기 때문이다.[35)]

의미론에서 중요한 개념으로 다음과 같은 것들이 있다.

① 어휘의 모호성

어떤 단어가 하나 이상의 의미를 가질 때 발생한다. 예를 들어 문장 Il a acheté un canard [그는 (　)을 샀다] 라는 문장은 여러 가지 의미로 해석될 수 있는데 그 이유는 단어 canard가 적어도 네 가지 의미 (오리, 저질 신문, 각설탕, 흡입병)를 가지고 있기 때문이다.

② 동의성

---

35) 그러나 의미자질에 의한 이분법은 어휘 분석을 할 때 얼마나 많은 의미자질과 어떤 의미자질로 의미를 분석하는지에 대해 언어학자들마다 의견이 달라 정확한 기준을 정하기가 어렵다. 또한 어휘 분석은 명사, 특히 보통명사의 경우 쉬운듯 하지만 형용사, 부사, 동사의 경우에는 쉽지 않으며 전치사나 접속부사같이 기능어에 경우 더욱 어렵다.

같거나 유사한 의미를 가지면서 형태가 다른 경우를 동의성이라고 말한다. conceal-hide, big-large 가 이에 해당한다. 그러나 동의성은 어감의 차이와 화자가 특정언어를 선택한 연관성을 나타내지는 못한다.

③ 하위성 (Hyponymie)

어떤 단어의 의미가 좀 더 일반적인 단어의 의미를 포함한다면 그 단어를 하위어라고 한다. 예를 들어 chien [개]은 의미에 있어서 animal [동물]과 연관되는데 동물의 의미 속에 개라는 의미가 포함된다. 이럴 경우 chien은 animal의 하위적이라고 말할 수 있다. 반면 포함의 관계는 좀 더 복잡한 개념인데 지시대상의 계층의 범위가 작을수록 한정적 특징은 커진다. 예를 들어 animal은 지시대상의 계층에 대해 chien 보다 더 포함적이지만 (animal은 chat [고양이], lapin [토끼] 등에도 적용된다) chien은 이해의 특성적 관점에서는 animal 보다 더 포함적이다 (chien은 개의 모든 특성을 갖지 않는 animal의 모든 특성을 갖는다).

④ 중복

두 단어의 의미가 겹치면 중복이라 할 수 있다. soeur [누이], nièce [여 조카], tante [숙모], mère [어머니]라는 단어들에서 의미의 중복이 있는데 [사람] [암컷] 이라는 의미자질에서 같은 값을 갖는다. 중복과 하위어를 구분하는 것이 중요한데 하위어는 상의어의 의미를 포함하는 관계이지만 중복은 포함관계가 아니다. 예를 들어 소나무는 나무라고 할 수 있지만 모든 누이가 숙모다 라고는 말할 수 없기 때문이다.

⑤ **반의성** (Antonymie)

의미가 반대되는 단어들을 반의적이라고 한다. 이 반대라는 개념은 일반적으로 상충 (mâle vs femelle)과 상호적 (vendre [팔다] vs [acheter [사다])이라는 의미와 관계한다.

a) 이분적 반의어

두 단어 의미 사이에 어떠한 중간의미도 존재하지 않는다. mort [죽은]-vivant [산]의 단어는 이분적인데 모든 사람은 죽었거나 아니면 살아있는 것처럼, 죽거나 살았다 사이의 중간적 의미가 없기 때문이다.

b) 정도적 반의어

두 반의어의 의미 사이에 중간적 의미가 낄 수 있는데 예를 들어 hot 과 cold는 정도적 반의어로서 hot과 cold의 의미 사이에 따뜻하다 (warm), 시원하다 (cool)과 같은 중간 의미의 단어가 올 수 있기 때문이다.

c) 상반적 반의어

두 단어의 관계에서 서로 다른 견해에서 발생할 수 있는 반위어다. 예를 들어 below와 above는 상반적 반의어인데 소파위에 벽화가 있다면 소파는 당연히 벽화 아래 있다. 벽화의 입장에서 보면 소파는 아래에 있는 것이지만 소파의 입장에서 보면 벽화는 소파 위에 있는 것이다.

6) 화용론 (Pragmatics)

주어진 상황에서 의사소통을 하기 위해 언어가 어떻게 사용되는지를 연구하는 것으로서 주어진 상황은 의사소통 참여자와 주위환경, 그리고 그 밖의 언어외적 요소를 모두 포함한다.

① 함의

주어진 상황에서 화자의 의미를 파악하는 것은 쉽지 않다. 이렇게 화자의 의미를 이해하기가 힘든 이유 중 하나는 화자의 의미가 화자의 말에 그대로 나타나는 것이 아니고 어떤 내포된 의미로 나타날 수 있는데 이 내포된 의미를 함의라고 한다 :

A : 일영이가 오늘 저녁에 TV보러 집에 온대
B : 이런 ! 오늘 권투경기는 다 봤군!

우리는 B의 말 속에 어떤 숨겨진 의미 (함의)가 있다고 판단할 수 있는데, 가능한 함의는 <일영이가 권투 구경을 하는데 문제가 있다>는 것이다. 함의의 특징은 다음과 같다 :

a) 화자가 말한 문장의 일부가 아니라는 것 (B는 일영이가 권투 구경을 하는데 있어 문제가 있다는 말을 직접적으로 하지 않았다)
b) 함의는 화자의 문장에 당연한 결과로 따라오지 않는다. 즉 권투 경기를 못 본다는 것의 당연한 결과가 일영이가 집에 TV를 보러 오는 것에 직접적인 문제가 있다는 것은 아니다.
c) 한 문장의 함의는 1개 이상 다양하게 발생할 수 있다. B가 권투경기를 보지 못한다는 의미는 일영이가 권투 경기를 보면 흥분한다는 것으로 받아들일 수도 있지만, 일영이가 평화주의자로서 그에게 권투 경기를 보자는 것은 그에 대한 모욕이기 때문에 숨긴다는 함의도 가능하다.

② 화행

화행은 언어행위와 비 언어행위로 구성된다. 즉 말을 할 수 있고 말을 함으로써 어떤 행위를 할 수 있는 것이다. 예를 들어 <만년필 좀 건네줄래>처럼 말을 함과 동시에 부탁을 할 수 있다. 말을 하는 행위 자체를 언어행위, 어떤 행위를 하는 것이 비언어행위이다.

비언어행위	
명백한 비언어행위	자발적 행위를 나타낼 수 있어야 한다
	말을 함으로써만 행위가 이뤄질 수 있다
불분명한 비언어행위	

언어행위	
표현된 언어행위	명제 행위의 행위자가 누군지 분명히 나타난 경우
내포된 언어행위	명제 내용의 주어가 분명히 나타나지 않는 경우

7

구조주의 언어학과 기호학

1) 구조주의 언어학

스위스의 언어학자인 페르디낭 드 소쉬르[36]로부터 시작된 구조주의 언어학의 주요 특징을 살펴보면 다음과 같다.

① 랑그 (langue)와 빠롤 (parole)

언어현상을 고찰하는 두 가지 기본적 측면으로서 랑그는 언어활동 (langage)의 한정된 근본적인 일부분인 반면 빠롤은 언어활동의 개별적 구성성분으로 정의된다. 소쉬르는 이 둘의 차이를 체스게임에 비유했는데 체스게임에 적용되는 기본적인 규칙이 존재하는데 나무로 만든 말들을 상아로 만든 말들로 바꾼다 하더라도 규칙 자체에는 변화가 없다는 예를 통해 랑그의 본질은 그때 그때 나타나는 빨롱의 성질을 넘어서 존재하며 또 그것을 결정한다. 따라서 랑그는 언어능력의 사회적 산물인 동시에 개인이 그 능력을 행사할 수 있도록 해주는 사회단체에 의해서 채택된 필요한 약정의 집합이다.

② 시니피앙(signifiant)과 시니피에(signifié)

'의미하다'라는 뜻의 불어 동사 signifier에서 파생된 시니피앙은 '의미하는 것', 시니피에는 '의미되어진 것'이라는 뜻이

36) <일반언어학 강의>는 소쉬르 본인이 직접 쓴 것이 아니라 1906년부터 1911년에 걸쳐 주네브 대학에서 한 강의의 내용을 중심으로 그의 사후에 제자들이 강의 노트를 재구성하여 1915년에 출판한 책이다.

된다. 이 보통명사가 소쉬르의 구조언어학에서 기표(記表), 기의(記意)라는 혁명적인 개념으로 변했다.

Saussure

우리가 듣고 말하는 모든 단어들이 기표(시니피앙)이고, 그 단어들의 의미가 기의(시니피에)이다. 예를 들어 '모기'라고 말하거나 썼을 때 이 단어는 기표이고 이 단어를 듣거나 보고 머리 속에 떠오르는 의미가 기의이다. 즉 시각적, 청각적 이미지란 우리가 '모기'라고 썼을 때의 글자, 그리고 우리가 '모기'라고 발음할 때의 음성적인 물질성을 의미한다. 이 '모기'라는 기표가 의미하는 내용은 '날개를 가지고 있으면서 여름에 동물의 피를 빨아먹고 사는 곤충'이라는 개념이다. 이 개념이 바로 기의가 된다. 사실 기표와 기의의 관계는 다분히 자의적이다. 이 피를 빨아먹고 사는 곤충을 반드시 '모기'라고 명명할 필요는 없다. 단지 특정 사회 집단 속에서 약속을 통해 이렇게 정했을 뿐이다.

③ 가치 (value)와 의미작용

기호는 그 본래적인 가치를 통해서가 아니라 그것의 상대적 위치를 통해서 기능한다. '현실'의 외부대상을 지칭하고 있지 않다는 사실이다. 하나의 기호를 다른 것들로부터 구별하는 것이 그 기호를 구성하는데 다시 말해서 A라는 기호가 의미를 나타낼 수 있는 것은 이것이 B나 C가 아니기 때문이며 따라서 선택된 기호의 의미는 선택되지 않은 다른 기호들에 의해서 결정되는 것이다. 이러한 특성을 '가치(value)'라고 부른다.

반면 하나의 기호를 만들기 위해서, 기표와 기의를 결합시키는 작용을 의미작용 또는 의미화라고 부른다. 의미작용은 기호를 만들어낼 때에만 일어나는 것이 아니고 기호의 의미를 풀이할 때에도 일어난다. 예를 들어 철수를 좋아하는 영희가 발렌타인 데이 때 초코렛을 철수에게 주었다고 가정하자. 초코렛을 준 영희는 철수를 좋아한다는 의미작용을 생산하게 될 뿐 아니라 철수가 초코렛을 받고 영희가 자신을 좋아한다는 생각을 갖게 되면 의미작용은 철수에게서도 발생한 것이다. 이처럼 의미작용은 두 가지 방향으로, 즉 기호를 만들(기호작용)때와 기호를 풀이할(기호해석) 때 일어난다.

송신자 쪽에서 일어난 의미작용은 수신자 쪽에서 일어날 의미작용과 같을 수도 있고 다를 수도 있다. 철수가 영희로부터 초코렛을 받았을 때 [아, 영희가 나를 좋아하는구나] 라는 생각을 갖게 되는 경우에는 영희와 철수에게서 발생한 의미작용은 같다. 반면 철수가 [아니, 영희가 나를 정말 싫어하는 군. 단 초코렛을 먹고 이가 썩거나 당뇨병에 걸리라는 거잖아] 라고 생각한다면 둘 사이에 일어나는 의미작용은 다르다. 또한 그런 이유로 해서 양쪽의 의미 창출과정은 서로 독립된 것이라고 볼 수 있다.

어느 마을에 효자와 불효자로 소문난 두 아들이 살고 있었다. 어느 추운 겨울날 아버지가 장에 간 사이 효자 아들은 방에 이불을 펴고 안에 들어가 추운 바깥에서 들어 올 아버지를 위해 따뜻하게 데워놓았다. 이윽고 방에 들어온 아버지는 그런 아들의 모습을 보고 [아, 아들이 나를 이렇게 사랑하는구나]라고 생각했다. 한편 불효자 아들 역시 장에 간 아버지를 위해 [그동안 아버지 속만 썩여 들였는데 이제부터는 효도를 해야겠다. 추운 아버지를 위해 이불 속을 따듯하게 해놔야지] 라는 생각으로 방에 이불을 펴고 들어갔다. 조금 후 장에서 돌아온 아버지는 이런 아들을 보고 [아니 이런 불효막심한 놈이 있나. 애비는 추운 밖에서 벌벌 떨다 이제야 돌아왔는데 애비보다 먼저 잠을 자다니]라고 혼을 냈다. 전자의 경우는 쌍방의 의미작용이 같은 경우인 반면 두 번째 경우는 쌍방의 의미작용이 다른 경우라 할 수 있다.

2) 기호학

인간에게 있어서 언어의 주된 기능 중에 하나가 의사소통수단이라는 것은 부인할 수 없지만 언어만이 의사소통의 유일한 수단은 아니며 비언어적 행위 역시 의사를 전달하는 방법으로 사용될 수 있다. 이런 의미에서 언어의 개념은 언어 이외의 분야까지 확장시켜야 한다는 생각으로부터 출발하여 기호학은 인간이 다루는 모든 상징체의 구조와 그것이 체현하는 사상성을 탐구하는 학문이다.

① 기호학의 특성

기호학의 주요 특징들을 살펴보면 다음과 같다.

a) 데노타시옹(외시작용), 코노타시옹(공시작용)과 신화

데노타시옹(dénotation)과 코노타시옹(connotation)은 옐름슬레우가 처음으로 말했으니 롤랑 바르트가 차용하여 널리 퍼뜨린 이후 기호학의 중요한 개념으로 정착했다.

데노타시옹은 일반적으로 언어사용에 있어서 말해지고 있는 것을 의미하는 것으로 단어가 나타내는 있는 그대로의 의미 혹은 명백한 의미이자 사람들이 공통적으로 받아들이는 상식적인 의미이다. 반면 코노타시옹은 말해지고 있는 것 이외의 다른 무엇인가를 의미하는 것으로서 한 단어가 가진 사회, 문화적 연관 혹은 이데올로기적 연관을 지시하는 개념이다. 예를 들어 <화이트 칼라>라는 단어가 나타내는 일반적이고도 사전적 의미는 <하얀 색>이지만 사회, 문화적 개념으로는 <하얀 와이셔츠에 넥타이를 맨 정장을 한 직장인>을 뜻하는데 이것이 바로 코노타시옹이다. 코노타시옹은 외시적 기호를 시니피앙으로 삼아 거기에 또 다른 시니피에를 추가시키는 2차 의미작용이다. 위 예에서 <화이트 칼라>이라는 시각적 기표와 <하얀색>이라는 기의가 합쳐져서 <하얀 와이셔츠에 넥타이를 맨 정장을 한 직장인>이라는 또 다른 의미작용을 창출해낸다.

데노타시옹과 코노타시옹은 일대일 대응, 즉 하나의 데노타시옹에 하나의 코노타시옹이 있는 것이 아니며 하나의 데노타시옹이 여러 개의 코노타시옹을 가질 수 있다. 또한 코노타시옹은 보편적이고 절대적 가치를 지니는 것이 아니라 사회, 문화적 차이에 따라 코노타시옹은 차이를 보일 수 있는데 예를 들어 우리나라에서는 <까치>라는 단어가 <새>라는 사전적 의미 이외에 <길조>라는 데노타시옹을 나타내는 반면 프랑스에서는 <흉조>를 나타낸다.

의미작용과 관계하여 바르트는 신화[37]가 사회에서 어떻게 의미작용을 하는지에 대해 언급하였다. 그는 장미 꽃다발을 예로 들면서 이것이 정열을 의미하는데 사용되는 경우 장미다발은 기표이고 정열은 기의라고 가정한다. 또한 이 기표와 기의는 기호로서의 장미다발을 창출해낸다. 여기서 기호로서의 장미 꽃다발은 기표 즉 재배하는 식물의 한 종류로서의 장미 꽃다발과는 전혀 별개의 것으로 여겨진다. 기호로서의 장미 꽃다

37) 여기서의 신화라는 것은 고전적인 신화체계를 의미하는 것이 아니라 한 사회가 제 자신의 존재의 의미를 지탱하고 근거있게 하기 위해 구축하는 의미체계를 형성하는 것 그 자체를 뜻한다.

발에 의미작용을 부여하는 것은 의도와 목적을 위한 전달매체를 제공해주는 사회 약정적 양식 및 전달경로의 성질이라는 두 가지가 결합하여 이루어진다. 즉 신화는 이미 존재하고 있는 기호적인 연쇄를 바탕으로 해서 그 위에 구축되어진 한 단계 더 높은 기호체계로서 기능한다는 것이다.

또 다른 예로서 그는 <파리 마치> 잡지 표지의 사진을 들고 있다. 그는 프랑스군의 제복을 입은 한 젊은 흑인이 프랑스 삼색기를 쳐다보며 경례를 하는 사진을 보면서 그 자체로 기존의 기표 (흑인병사가 프랑스식의 경례를 하는 일)가 존재하고 또 기의 (프랑스를 상징하는 삼색기와 피부색이 다른 흑인의 제복을 통해 군인이라는 의미)가 존재하며 또 이 기의를 기표로 이용하여 또 다른 기의 (프랑스의 위대함, 프랑스 국민들이 피부색과는 관계없이 프랑스를 위해 충실히 봉사한다는 것)를 창출해낸다고 말한다.[38]

38) BARTHES, R., *Mythologies*, Paris, Seuil, 1957. p.116.

마리 앙뚜와네뜨의 그림을 예로 들어보자. 데노타시옹의 측면에서 이것은 마리 앙뚜와네뜨라는 프랑스 왕인 루이 16세의 아내라는 한 인물의 그림이며 코노타시옹의 관점에서는 <우와함, 아름다움, 화려함>를 의미한다. 그러나 세 번째 단계인 신화의 관점에서는 <프랑스 왕정의 몰락>이라는 의미를 부여한다.

b) **도상** (icon), **지표** (index), **상징** (symbol)

퍼스는 지식의 존재의 골격이 명제를 기호의 3항 관계(도상(icon), 지표(index), 상징(symbol))에 의거한다고 주장하고 있다.

***도상**

퍼스는 기호에 의하여 어떤 유사성이나 또는 닮음의 적합성

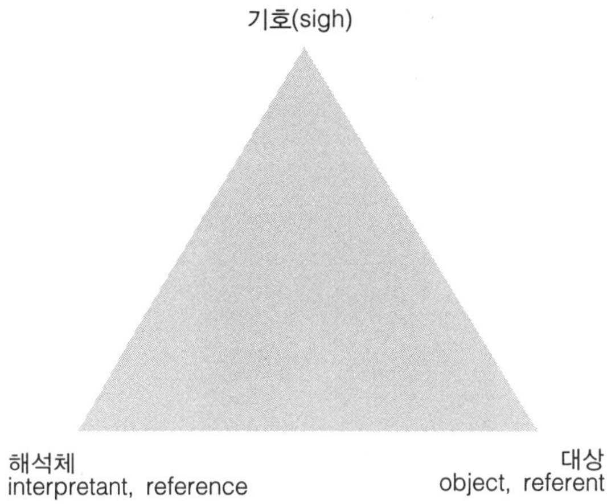

Peirce의 기호의 삼부모형

이 나타나 있고 수신자에 의해서도 그것이 인정되어지는 것이라고 주장한다. 즉 도형이나 그림은 그것이 나타내고 있는 것과 닮아있는 한에서 그것에 도상적인 관계를 맺고 있는 것이라고 가정한다.

도상 기호에 있어서 가장 중요한 것은 바로 유사성이다. 따라서 도상은 그것이 대표하고 있는 대상체와 비슷하게 보이거나 비슷한 소리를 내거나 비슷한 이미지를 갖고 있다. 예를 들면 루이 14세와 나폴레옹의 인물 초상화를 보면 사람들은 누구나 사진 속의 인물이 누구인지를 짐작할 수 있는데 이는 이 초상화들이 실제의 인물들과 닮았기 때문이며 이 때 이 초상화들은 루이 14세와 나폴레옹의 도상이 된다.

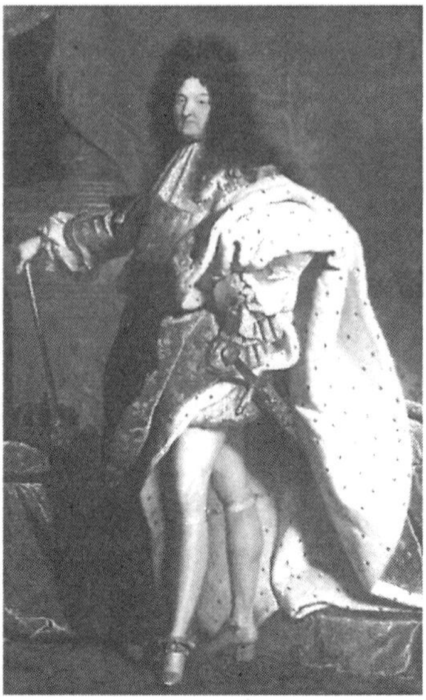

루이 14세

나폴레옹

도상은 단지 시각적 이미지에 국한되지 않는다. 우리나라에서 한 때 연예인들의 성대모사가 유행한 적이 있었다. 시청자의 입장에서 눈을 감고 목소리를 들어보면 정말 특정 연예인의 목소리와 똑같거나 실제 가수의 목소리와 아주 흡사하여 구분해내기가 힘들 정도인데 이런 경우 음성적 특성 또한 도상이 될 수 있다. 이런 관점에서 보면 과일 향을 내는 인공 향료 역시 도상이라 할 수 있다. 이처럼 도상의 개념을 시각적 이미지라는 협의의 범위에서 벗어나 의미를 확대할 수 있는데 야콥슨은 은유와 환유의 예로서 이를 설명하고 있다.

구체적으로 the car beetled along <그 차는 딱정벌레처럼 전진해 갔다>와 같은 은유에서 딱정벌레의 움직임이 자동차의 움직임과 동일한 가치를 갖는 것으로 여겨지는 반면 the White House considers a new policy <백악관이 새로운 정책을 검토한다>라는 환유에서는 어떤 특징의 건물이 미합중국 대통령과 동일한 가치를 갖는다. 즉 은유는 문자 그대로의 주제 (자동차의 움직임)와 그 은유상의 대용물 (딱정벌레의 움직임) 사이에 어떤 유사점이나 유추관계가 있다고 보는데서부터 출발한다. 반면 환유는 문자 그대로의 주제 (대통령)와 이것과 인접해 있는 대체물 (대통령이 살고 있는 곳) 사이에 연결되는 의미적 공통점에 있다고 본다.[39)]

39) 야콥슨은 은유와 환유의 개념을 시와 산문에 적용하였다 : 유사성의 원리는 시의 바탕이다, 즉 시행들에서의 운율적 대응, 혹은 압운되는 낱말들의 음적 등 가성이 의미의 유사와 대비라는 문제를 야기시킨다.(...) 그런데 산문은 본질적으로는 의접성에 의해서 진행된다. 따라서 시에서

❋지표 (index)

하나의 기호가 어떤 역동적 대상과 갖는 실재적 관계에 힘입어 부각될 때 그 기호를 지표라고 한다. 지표는 그 관계가 구체적이고 현실적이며 또 보통 계기적이며 인과적 성격을 띈다. 지표에 대한 많은 예가 있을 수 있는데 문을 두드리는 소리는 누군가가 와 있다는 지표이며 자동차의 경적소리는 자동차가 있음을 알리는 지표이다. 또한 연기는 불의 지표이며 바람개비는 바람의 방향에 관한 지표이다. 검은 먹구름은 비에 대한 지표이고 영화 속에서 음산한 배경 음악은 <공포, 불안감>의 지표이다.

❋상징 (symbol)

상징에서 기표와 기의의 관계는 임의적이다. 여기서는 해석자가 의미작용의 관계를 성립시키기 위해 적극적으로 개입해야 한다는 조건이 요구된다. 퍼스는 나무의 예를 들어 나무를 손가락으로 가리킬 때 내 손가락은 나무의 지표가 되며 내가 그리는 나무의 그림은 나무의 도상이 된다. 반면 내가 <나무>라는 단어를 말할 때 이것은 상징이 되는데 그 이유는 기표에는 어떤 내재적이고 필연적인 <나무적인> 특성이 없기 때문이다.

는 은유가, 산문에서는 환유가 가장 저항이 적은 운행이 된다. JAKOBSON & HALLE, M., *Fundamental of Language*, The Hague, Mouton, 1956. p.95-6.

일반적으로 상징은 다음과 같이 세 가지 유형으로 구분된다 :

＊도상적 상징

가리키고 있는 대상의 외형적 성질과 밀접한 관계를 맺는 상징으로서

사슴이 그려져 있는 표지판은 <사슴 출몰 지역>이라는 것을 나타내며 자동차 뒤에 돌이 떨어지는 표지판은 <낙석주의>, 그리고 지하철에서 노인, 장애자, 임신한 여인이 그려져 있는 좌석은 <노약자를 위한 좌석>이라는 의미를, 담배에 선이 가 있는 그림은 <흡연금지>를, 입에 손가락을 대고 있는 그림은 <잡담금지>를 나타낸다.

＊유연적 상징

상징과 상징되는 것 사이의 외적인 관계(근접관계 등)에 근거하여 이루어진 상징으로서 비둘기는 평화를 나타내는 유연적 상징이며 십자가는 기독교 신앙을 나타내는 유연적 상징이다.

＊자의적 상징

단지 약속에 근거하여 상징적인 가치를 지니는 상징을 말한다. 예를 들어 특정 집단 (운동 팀, 각 종 동아리)을 대표하는 로고의 경우 이 집단 밖의 구성원들이나 신입생인 경우 이 로고의 내용을 모르기 때문에 자의적 상징이라고 말할 수 있다.

지금까지 살펴본 도상, 지표, 상징에서 중요한 사실은 이 세 가지 내용들이 서로 배타적인 종류의 기호가 아니라 기호와 대상 혹은 기표와 기의 간에서의 세 가지 양식으로서 하나의 양식이 필연적으로 다른 두 양식을 지배한다는 계층적 관계를 이루며 공존한다는 것이다.[40]

② 기호학의 역할

이 그림은 Charles-André가 1729년에 그린 높이 1,10m에 폭 1,05m의 유화인 <Anchise를 안고 가는 Énée>이다.

눈에 두드러지는 것은 그림 정면에 한 건장한 군인이 나이 든 노인을 업고 있고 뒤에는 한 여인이 안타까운 시선으로 이 노인을 보고 있으며 노인은 그녀에게 손을 뻗고 있다. 얼뜻 보기에 군인이 노인을 납치하는 모습처럼 보이지만 그림을 자세히 본 사람은 이러한 판단에 오른쪽에 있는 아이의 모습을 보

40) 야콥슨은 이 세 가지 기호의 양식 중에서 어느 것이 우세한가를 결정하는 것은 맥락에 의해서라고 말하는데 다시 말해 동일한 기호가 주어진 상황에 따라 세 가지 기호 중 하나의 양식으로 해석되어진다는 것이다. 예를 들어 자동차 경적 소리와 상향등은 일반적으로 앞 차에 대한 주의 또는 경고를 주는 의미로 받아들여지지만 영화 속에서 어두운 길거리를 혼자 걷고 있는 여인이 있고 뒤에 어떤 남자가 따라오는 경우를 상상해보자. 영화를 보는 관객들은 뒤를 자꾸 힐끗 돌아보며 불안안 모습의 여인을 보며 긴장이 고조되지만, 갑자기 여인의 옆으로 상향등을 켜고 경적소리를 내며 차가 나타났을 때 드는 것은 안도감이다. 이럴 경우 자동차 경적소리와 상향등은 안도감이나 안전의 의미가 경고나 주의보다 우위에 선다.

면 이런 판단에 의아해할 것이다 : 만일 군인이 노인을 납치해 가는 것이라면 아이는 업힌 노인을 보고 있어야 할 것 같은데 뒤를 돌아보고 있다.

사실 군인 복장의 젊은 남자는 Énée이고 등에 업힌 사람은 그의 아버지인 Anchise 이다. 세상에서 가장 아름다운 여인인 Hélène을 납치한 것 때문에 벌이진 트로이 전쟁에서 헥토르나 유리시즈 같은 트로이와 그리스 영웅들을 활약하게 되는데 Énée 역시 이 전쟁에 참가한다.

이 그림은 트로이의 왕자 Énée가 가족과 함께 그리이스인들에 의해 포위당한 화염에 싸인 트로이 도시를 빠져나오는 장면을 묘사한 것으로서 갑옷을 입고 등에 자신의 아버지인 늙은 Anchise를 업고 있고 Anchise는 자신의 며느리인 Créuse에게 가정의 수호신들을 맡기고 있다. 또한 이들의 아들인 Ascagne가 마을을 쳐다보기 위해 뒤돌아서고 있다. 결국 이 그림은 한 가족의 모습을 담은 그림이다.

또 한국 드라마를 생각해보자. A, B 두 사람이 식당에 들어섰는데 마침 TV에서 인기 드라마를 방송하고 있었다. 장면은 한 여인 앞에 한 남자가 무릎을 꿇고 있고 자신을 구해달라고 애원하고 있지만 그 여인은 매몰차게 그의 간청을 거절하고 있다. 이 드라마를 처음 본 A라는 사람은 이 여인에 대해 [냉정하고 지독하며 인정사정없는 여인]이라는 인상을 받게 된다. 반면 이 드라마를 이전부터 봐 줄거리를 알고 있는 B는 [이 여인이 온갖 고생을 다해가며 이 남자의 뒷바라지를 해주었는데 이 남자는 성공하자마자 이 여인을 버리고 돈 많은 다른 여인과 결혼하였고 이 여자가 결국 복수를 꿈꾸게 되었다]는 것을 안다. 따라서 이 장면을 본 B는 [복수의 장면이 당연하다는 것과 여인에 대한 연민]을 가지게 될 것이다. 이처럼 A, B 두 사람이 똑같은 장면을 보더라도 스토리 전개를 알고 있는 사람과 알지 못하는 사람의 견해는 정반대로 나타날 수 있다.

아는 만큼 본다는 말이 있다. 본질을 알면 시각이 달라지고 우리의 삶도 변화한다. 우리는 텍스트를 읽는 만큼, 그 만큼의 세계를 형성한다. 자연스럽게 다가오는 시각적인 모든 것 들 속에는 숨은 그림으로서 의미들이 숨겨져 있다. 기호학의 역할은 이 숨은 의미를 찾아내는 것, 본질을 드러내는 것이다.

8

언어학의 적용사례들

1) 언어장애에 관한 분석 방법[41)]

언어치료란 언어장애[42)]가 있어서 의사소통이 어려운 사람들의 발달상태 및 언어능력을 평가하여 언어의 발달을 유도하고 원활하게 의사소통이 이루어지도록 돕는 치료법이다. 주로 언어표현, 언어이해, 발음 등 언어능력을 진단하고, 연령을 고려하여 이루어지는데 언어치료의 목적은 타인에게 어렵지 않게 자신의 의사전달을 할 수 있도록 유도할 뿐만 아니라 상대방이 하는 말도 잘 이해할 수 있도록 하는 것이다.

언어는 크게 듣기, 말하기의 구어 능력과 쓰기, 읽기 등으로 구분되는데 이 중 구어 장애는 의사소통과 언어적 행위에 관련된 모든 영역에서의 장애를 포함하며 특히 어휘나 단어의 의

---

41) 이 장에서 언급된 내용들은 학습 장애 아동에 관한 강영심의 논문에서 발췌하였다. 강영심, 『학습장애아동교육의 이론과 실제 : 학습장애 아동이 학업능력 발달 특성』, 교육과학사, 1997,p.51-80.

42) 언어 장애 중 뇌의 이상으로 인해 생기는 증상으로 가장 대표적인 것이 브로카 실어증과 베르니케 실어증이다. 전자는 대뇌 좌번구 브로카 영역의 손상으로 일어나는 언어표현의 장애를 말하는데 이 증상을 겪는 환자들은 의미가 통하는 말을 하기는 하지만 매우 단편적이다. 특징으로는 언어 발산 행위가 매우 느리며 동시에 여러 단어를 표현하지 못한다. 분절이 안되고 문법적 기능을 담당하는 형태소들 (복수의 어미, 남성, 여성을 나타내는 성의 어미 등)을 흔히 빼먹는다. 예를 들어 행위주체자(주어)와 대상(목적어)이 하나씩인 문장들은 이해하지만 (소년이 학교에 간다), 주어가 둘 이상의 복문의 경우에는 행위주체자를 구분하지 못한다(선생님이 좋아하는 소년이 학교에 간다). 반면베로니케 실어증 환자들의 경우 뇌의 좌측 반구의 베르니케 영역이 손상된 경우이다. 특징으로는 말을 이해하는데 어려움을 겪으며 단어들을 나열하여 말을 하지만 의미가 연결되지 않는다.

미, 개념 형성, 문법적 규칙이나 구문론의 적용, 언어 이해력에서의 장애 등을 포함한다. 학습 장애를 보이는 아동들의 공통적인 특징은 음운론적 인식에 있어서 문제를 안고 있는데 음운론적 인식이란 쉽게 말해 단어들이 어떤 소리로 생성내고 어떤 음소로 이루어졌는지를 아는 것이다. 결국 장애 아동은 단어를 구성하는 음소의 소리 구분을 정확히 분석하지 못함으로써 음소를 통해 전달되는 정보 습득에 어려움을 겪게 되고 그 결과 읽기와 쓰기 문제까지 안게 되는 것이다.

학습장애 아동에 관한 많은 연구들에 따르면 학교의 정규교육을 받기 전 다양한 유형의 구어장애를 겪는 아동들 중 상당수가 읽기와 쓰기에 문제점을 보인다. 정상적인 아이들에 비해 읽기가 서툰 아동은 언어를 원활하게 구사하지 못하고 말하는 어휘의 수가 제한되며 조직적이고 통합적인 기술이 부족한데 이는 결국 언어학 관점에서 볼 때 의미를 파악하는 의미론, 문장의 구문 분석 능력과 관계되는 통사론, 그리고 음운론에 문제를 안고 있다.

① 구어장애의 유형

구어장애는 말을 듣고 이해하는데 있어서의 문제인 수용언어장애와 말을 구사하는데 있어 발생하는 문제인 표현언어장애로 구분된다.

a) 수용언어장애

유형	특성
1	억양과 발음의 측면에서 보면 말이 유창하다.
2	말을 하는 데 있어서의 조음 장애가 거의 없다.
3	문법규칙은 잘 지키는 편이나 의미 없는 말들을 마음대로 사용하기 때문에 뜻을 이해하기 어렵다.
4	제스쳐 등을 사용하여 상호 간 의사소통을 잘하지만 서로 이해하지 못하는 경우가 많다.
5	기계적이지만 글씨를 쓸 수 있는 경우가 많다.
6	시각 장애를 나타내는 경우가 흔하다.

b) 표현언어장애

유형	특성
1	말을 능숙하게 구사하지 못한다. 구체적으로 말하는 중간에 멈추거나 조음 장애를 일으키는 발음이 많다.
2	전보 유형의 문장을 많이 사용한다.
3	문법규칙을 잘 지키지 않는다.
4	청각적 언어 이해 능력은 비교적 좋다.
5	글을 쓰는 능력에 문제가 많다.
6	조음 기관의 사용에 있어 의도적 보다는 무의식적인 시도를 할 때 더 작용이 잘된다.
7	근육 운동 신경 부위의 손상을 수반한다.

② 읽기 능력

읽기 능력이란 단어를 전체적인 형태로 시각적으로 인식하는 단계로부터 단어에 포함되어 있는 각각의 소리를 분석하고 순서화하며 특별히 의식적으로 주의를 기울이지 않고도 상세한 내용까지 그 의미를 알게 되는 단계로 발달되어간다.

Macdonald와 Cornwall은 유치원 때 음운론적 인식 능력, 읽기 및 쓰기 능력에 대한 평가를 한 아동들을 대상으로 10세가 되었을 때의 읽기 능력을 평가하여 그 관련성을 알아보았다. 그 결과 음운론적 인식 능력이 청소년기의 읽기능력을 가장 잘 보여주었다.

Tunmer도 118명의 아동들을 대상으로 2년 동안의 종단적 연구를 통해 1학년 때의 음소분석과제를 통한 음운론적 능력이 2학년 말 때의 독해력과 단어 인지 능력과 상관이 있음을 밝혔다. Torgesen은 288명의 유치원 아동들을 대상으로 음운론적 능력과 읽기 전 기술을 측정한 후 1,2학년의 읽기 능력과 상관을 알아본 결과 단어에 대한 음운론적 인식이 가장 큰 상관을 보여주었고 읽기 전 기술도 상관은 있으나 음운론적 인식능력보다는 적었다. 물론 이러한 결과로 음운론적 능력이 읽기와 쓰기 능력 발달에 가장 중요한 요인이라고 단정 짓기는 어렵지만 언어에 대한 음운론적 인식 능력이 읽기 능력의 발달과 밀접한 관계가 있는 것은 사실이다.

위에서 살펴본 내용들을 통해 우린 언어학이 단지 순수 이론 학문에서 그치는 것이 아니라 학습장애 아동을 치료하는 병리심리학에 효과적으로 활용될 수 있다는 점을 알 수 있다.

2) 광고와 언어학

① 음운론과 광고언어

언어학이 우리의 생활 속에서 찾아볼 수 있다는 것을 증명하기 위해 많은 학자들이 예를 들고 있는데 여기서는 가장 대표적인 것들을 발췌하여 정리해보도록 하겠다.

먼저 이현우는 논문에서 음운론이 광고문구에 사용되는 경우를 살펴보았다.[43] 그는 음운론의 특성에 따른 광고의 유형을 분류하였는데 첫 번째가 두운이라는 언어학적 특성이 광고 카피에 쓰인 경우를 예로 들었다.

a) 두운(alliteration)

한 문장에서 두(혹은 그 이상의) 단어의 첫 번째 자음이 반복되고 있는 현상을 두운으로서 이에 대한 대표적 유형으로 '케토톱'이라는 브랜드네임과 '캐내고'라는 슬로건 사이에서 'ㅋ'자음이 반복되고 있고 있다. 그는 이러한 종류의 두운 기법의 목적은 소비자의 주의를 환기시켜 궁극적으로는 '케토톱'이

---

43) 이현우, 광고 슬로건 및 브랜드 네임에 대한 언어학적 접근 연구, 한국방송광고공사 문서유형학술지논문, 40('98.9) pp.125-145.

라는 브랜드네임에 대한 기억을 향상시키는 역할을 하는 것으로 여겨진다고 말하고 있다.

<사례 1> 캐내면 할 수 있습니다! 케토톱 (태평양 제약)

특히 제품의 특성이 반영되고 있는 브랜드네임과 슬로건 사이에서 사용되고 있는 두운은 더욱 강력한 기억효과를 기대할 수 있다고 말하는데 예를 들어, '걸리버'라는 브랜드네임은 두운을 이용하여 '걸면 걸리는'이라는 슬로건과 자연스럽게 연결되어 전화가 잘 걸린다는 특성을 은연중에 강조하고 있다.

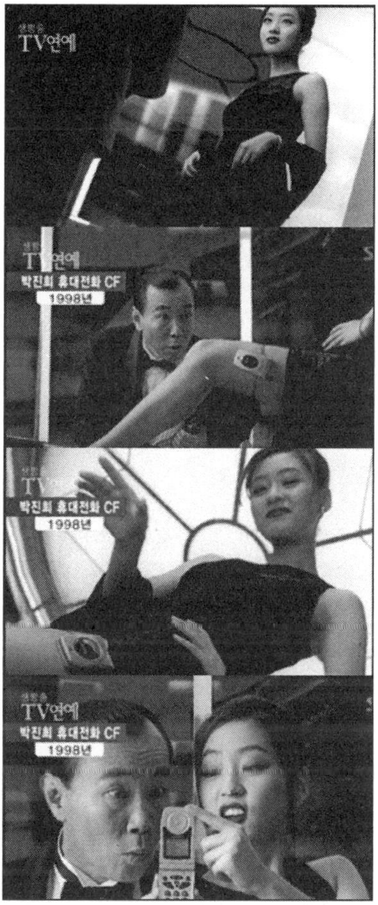

걸면 걸리는 걸리버 (현대전자 휴대전화)

b) **모운**(assonance)

음운론과 관계되어 광고카피에 적용시킨 예로 이현우는 모운을 들고 있다. 구체적으로, 두 단어에서 반복되는 소리가 모음일 때, 우리는 모운이라는 음운론적 기법을 발견하게 되는데 이와 관계된 우리나라의 광고 카피로 다음과 같은 예를 든다.

광고 문구	아름다운 사람들, 아름다운 만남 아시아나 항공
	아무도 닮지 않았다. 나는 나(톰보이)
	알만한 사람은 다 압니다.알마겔
	아장 아장 아기장엔 누크 베이비
	감자가 잘 자라야 포카칩
	아내 같은 아파트 쌍용 아파트

이 밖에도 모운의 특성에 따라 다음과 같이 세분화하고 있다.

첫머리	아장 아장 아기장(腸)엔 누크-베비 (유아 정장영양제) 아쉽지만 아홉 분께만 드립니다 (다아바트 골프웨어)
브랜트 네임	Super Noodles에서는 '우'발음 반복 Coca-cola에서도 '오'발음과 '아'발음이 동시에 반복
슬로건	Eisenhower 대통령의 선거캠페인 슬로건인 "I like Ike"는 'i' 라는 모음을 짧은 슬로건에서 무려 세 번이나 반복시켜 'Ike'라는 Eisenhower대통령의 애칭을 강하게 전달하고 있으며, 동시에 'Ike'와 'like'의 의미를 은연중에 연결

c) 각운(rhyme)

각운은 두 단어의 마지막 음이 반복되는 언어학적 현상[44]으로서 마지막 스트레스가 있는 음절부터 반복되는 경우를 지칭한다.

브랜드	광고 문구
코코볼	엄마볼 아기볼 코코볼
SK	고객이 OK할 때까지 OK! SK!

이현우는 심리학자 Zajonc의 말[45]을 인용하면서 두운, 모운, 각운의 음운론적 기법들은 모두 단어의 특정 요소를 반복함으로써 소비자의 주의와 관심을 집중시키고 호감도와 친밀도를 증가시키고 있다고 말한다. 그러나 다른 한편으론 복합작용이론[46]을 예로 들면서 두운, 모운, 각운 등의 음운론적 기법들의 남용이 오히려 역효과를 가져 올 수도 있다는 점을 강조하고 있다.

---

44) 로망스 언어들이나 현대 아랍어와 같이 많은 언어에서 각운은 강조된 음절과 강조되지 않는 음절 사이에 대립을 구성하며 강조적 기능을 갖는 각운으로 대체된다.

45) 그는 단순노출가설에서 단어의 반복노출은 반복된 단어에 대한 기억을 향상시킬 뿐만 아니라 호감도에도 긍정적인 영향을 준다고 말하고 있다.

46) 이 이론에 따르면 호감도는 익숙함(positive-habituation)이라는 요소와 싫증(tedium)이라는 두 가지 요소의 복합적인 상호작용에 의해 결정된다. 초기에는 반복에 의해 불확실성 감소효과를 가져오는 익숙함이 증가하게 되어 호감도가 상승하나, 일정 반복 이후에는 싫증이 보다 중요한 역할을 담당하게 되어 반복의 증가는 오히려 호감도를 하락시키는 결과를 낳게 된다.

② 의미론과 광고언어

의미론의 관점에서 언어를 분석할 때 가장 중요한 첫 번째 사항은 바로 말을 하는 사람이 자신의 의도를 정확히 전달하고 또 상대방은 자신이 듣는 말의 의미를 정확히 해석함으로써 말의 상호의사 전달적 기능이 효율적으로 작용하는 것이다. 그러나 어휘 자체가 의미하는 사전적 뜻 이외에 발화자의 의도하에 수사학적[47] 표현을 사용하는 경우가 많다. 이러한 경우를 수사학적 표현이라고 하는데 최근 광고의 카피로 많이 사용되고 있으며 그 이유에 대해 다음 세 가지로 구분할 수 있다:

호기심 유발	정형적인 의미에서 벗어남으로써 소비자의 관심을 자극한다
반응도 상승	특정 광고 카피를 본 소비자의 긍정적 반응과 부정적 반응 모두를 끌어냄으로써 상품에 대한 반응이 상승한다
상품 이미지 각인	수사학적 표현의 광고 카피 속에서 의미를 찾아내는 과정 속에서 상품의 이미지가 각인된다.

수사학적 표현 기법은 매우 다양한데 그 중에서 광고 카피에 사용되어 많이 알려진 것들을 살펴보면 다음과 같다.

47) 수사학이란 담화의 특성을 연구하는 것으로 담화분석이라고도 불린다, 수사학은 특히 담화의 다른 세가지 주요 구성성분을 연구하는데 첫 번째는 주제와 논거(inventio), 두 번째는 담화 일부분의 배열 (dispositio), 그리고 세번째가 기억화 (memoria) 이다. 발화자가 설득, 충고, 비난 등 다양한 의도에 따라 다양한 수사학적 표현을 사용한다.

<table>
<tr><th colspan="2">반복기법 : 구(拘)의 반복을 사용</th></tr>
<tr><td rowspan="2">수구반복</td><td>시원스레 넘어가는 한잔 한잔의 깨끗함! 다음날 아침에도 끝이 좋은 깨끗함! 깨끗한 시대, 깨끗한 소주 청색시대</td></tr>
<tr><td>깨끗함의 이미지 강조</td></tr>
<tr><td rowspan="2">결구반복</td><td>내 사랑만큼 큰 것이 있다 내 꿈만큼 큰 것이 있다 (개벽 TV)</td></tr>
<tr><td>화면이 큰 것을 사랑과 꿈이 크다는 것에 비유</td></tr>
<tr><td rowspan="2">대구법</td><td>전화 위에 무선 전화 무선 전화 위에 이동 전화 이동 전화 위에 PCS (한솔 PCS)</td></tr>
<tr><td>PCS가 전화 중에서는 최첨단의 위치에 있다는 것을 암시</td></tr>
<tr><th colspan="2">단어 배열 기법 : 단어의 순서나 위치를 변경하는 기법</th></tr>
<tr><td rowspan="3">구문 반전</td><td>건설외길 50년 조국건설 50년 (삼환기업)</td></tr>
<tr><td>건설' 이라는 단어가 위치를 변경하여 구문상의 반전을 보여주고 있다. 즉, 건설이라는 외길을 50년 동안 한눈팔지 않고 달려온 삼환기업의 역사가 결국 우리나라를 건설했다는 의미를 나타낸다.</td></tr>
<tr><td>꿈을 꾸면 현실이 된다 도전을 하면 실현이 된다 (한화)</td></tr>
<tr><td rowspan="2">의미 반전</td><td>큰 사전의 작은 소망 (한솔제지)</td></tr>
<tr><td>큰 사전의 '큰' 이라는 단어와 작은 소망의 '작은' 이라는 단어가 서로 대조되는 위치에서 사용되면서 의미상으로 반전되어 종이의 중요성을 강조한다.</td></tr>
</table>

<table>
<tr><th colspan="3">생략법 : 특정요소를 의도적으로 생략함으로써 소비자가 직접 생략된 부분을 보충하도록 촉구하는 기법</th></tr>
<tr><td rowspan="2">미완성형의 문장구조</td><td colspan="2">얼굴만 봐도 그리 좋아하시는 걸…… (그레이스 백화점)</td></tr>
<tr><td colspan="2">추석 선물을 드리면 얼마나 (더) 좋아하실까?"라는 내용이라는 것은 함께 광고되고 있는 상품권이나 추석선물 명품특선 등의 내용을 통하여 명백해진다.</td></tr>
<tr><td rowspan="2">문장 구성 성분의 생략</td><td colspan="2">조금 다릅니다 (현대 백화점 상품권)</td></tr>
<tr><td colspan="2">'현대 백화점 상품권'이라는 주어를 의도적으로 생략함으로써 '조금 다른' , 즉 소비자에게 조금 더 큰 혜택을 주고 있는 주체를 더욱 강조</td></tr>
<tr><th colspan="3">비유</th></tr>
<tr><td colspan="3">어휘 : 유사성에 의한 의미의 전환과 인접성에 의한 의미의 전환</td></tr>
<tr><td rowspan="2">은유</td><td colspan="2">맛은 도미/부담은 꽁치 (삼성 팩시밀리 오피스마스터)</td></tr>
<tr><td colspan="2">저가의 팩시밀리로 성능은 높아지고 가격은 낮아졌다는 의미를 생선에 비유한 은유법으로 표현</td></tr>
<tr><td rowspan="4">동음이의</td><td rowspan="2">일반명사의 고유명사화</td><td>전국을 하나로 연결하는 교차로 전국 광고!</td></tr>
<tr><td>교차로는 항상 차들로 붐비는 곳이라는 의미를 이용하여 생활정보지 '교차로'에도 수많은 정보들이 모이고 있다는 사실을 강조</td></tr>
<tr><td rowspan="2">고유명사(브랜드네임)를 일반동사나 형용사화</td><td>피죤했다 (피죤)</td></tr>
<tr><td>세탁제를 의미하는 고유명사이지만 여기서는 '세탁한다'는 의미의 동사로 사용된다</td></tr>
</table>

<table>
<tr><td rowspan="2"></td><td rowspan="2">한자 이용</td><td>最古에서 最高까지- 쌍용 건설은 최고의 품질만을 고집스럽게 이어 갑니다.</td></tr>
<tr><td>발음은 같지만 두개의 서로 다른 의미를 갖고 있는 '최고'를 사용하여 쌍용건설은 모든 면에서 최고만을 지향하고 있다는 이미지</td></tr>
<tr><td rowspan="2">환유</td><td colspan="2">남자들이여 지문을 찾자! (그린 소주)</td></tr>
<tr><td colspan="2">지문은 자신의 자존심을 뜻하고 있다. 상대방에게 아부하기 위하여 손바닥을 비벼 대면서 자신의 지문을 없애지 말고 당당하게 남자의 자존심을 찾자는 의미가 바로 '지문을 찾자'라고 표현한다.</td></tr>
<tr><td colspan="3">의미 전이 기법 : 어휘상의 수사 비유를 문장에 적용시킨 기법</td></tr>
<tr><td rowspan="4">과장법</td><td rowspan="2">과대</td><td>3,199 힝목의 김사를 마친 후 교체가 필요한 것은 단 한가지뿐 입니다 (폭스바겐)</td></tr>
<tr><td>3,199 항목의 검사를 마친 후에 교체가 필요한 것은 오직 검사관의 연필심 하나뿐이라는 광고를 통해 폭스바겐 자동차의 완전성을 다소 과장되게 표현한다.</td></tr>
<tr><td rowspan="2">축소</td><td>하루 210원이면 모든 암치료비 걱정 끝! (한덕생명)</td></tr>
<tr><td>200원 정도의 비용이라면 소비자는 광고되는 제품이 전혀 비싸지 않다고 느끼겠지만 제품의 실제비용은 수십만원대</td></tr>
<tr><td rowspan="2">반어법</td><td colspan="2">"어머, 얼굴이 반쪽이네!"에바스 회사의 보시앙 화장품</td></tr>
<tr><td colspan="2">상대방의 얼굴이 무척 피곤해 보일 때 위로하는 말로 주로 사용되지만 비주얼의 내용은 언어적 표현과는 대조적으로</td></tr>
</table>

<table>
<tr><td></td><td>이 말에 매우 만족해하는 표정의 여자모델의 모습을 묘사하고 있다. 왜냐하면 현대의 젊은 여성들은 보름달 같은 얼굴보다는 자그마한 얼굴(즉, 반쪽의 얼굴)을 더욱 동경하고 있기 때문이다.</td></tr>
<tr><td rowspan="2">역설법</td><td>우리는 남녀가 평등하다는 생각을 결코 믿지 않습니다 (메르세데스 벤츠)</td></tr>
<tr><td>보디카피를 읽은 후 소비자는 이 헤드라인의 내용이 인간가치의 평등이 아닌 남녀 간의 신체상의 차이나 개인 취향의 차이를 말하고 있다는 것을 알게 된다. 남녀가 평등하지 않다는 주장은 오히려 역설적으로 소비자에 대한 메르세데스 벤츠의 세심한 배려로 극적인 전환을 하게 된다.</td></tr>
</table>

③ 광고와 기호학

언어학 이론 중에서 문학, 영화, 광고 등 우리 일상생활에서 쉽게 접할 수 있는 분야에 가장 많이 적용되는 것이 바로 기호학이다. 특히 동영상 광고에서 우린 기호학적 분석 방법이 사용되는 것을 볼 수 있는데 이렇게 기호학에 광고에 많이 사용되는 이유에 대해 김영찬은 다음과 같이 말하고 있다:48)

(...). 광고에 대한 기호학적 접근은 소비문화의 지배적 담론을 형성하는 구체적 장(media site)으로서의 광고를 분석하여 상징적 권력(symbolic power)이 어떻게 행사되는가를 보여줌으로써 사회의 지배구조를 설명하는데 탁월하다. 바로 이러한 이

48) 김영찬, 광고의 기호학, http://blog.naver.com/3sang4/40019990791,

유로 기호학은 문화연구(cultural studies)의 영원한 화두인 문화와 권력의 문제, 다시 말해 표상(representation)과 권력간의 관계와 그 정치성에 대한 구체적 고찰을 가능케 함으로써 문화연구의 유력한 이론인 동시에 방법론으로 자리 매김 될 수 있었던 것이다.

대중문화, 특히 광고를 기호학적 관점에서 처음으로 분석하기 시작한 사람으로 바르트를 들 수 있는데 그는 광고를 사회문화적 맥락에서 이해하고자 의미작용 과정을 규명하려고 했다. 그는 다음과 같이 광고를 바르트의 기호학적 측면에서 분석하는 모형을 제시했다:

<table>
<tr><th colspan="2">구성요소</th><th>기표</th><th>1차적 의미
(Denotation)</th><th>2차적 의미
(Connotation)</th><th>3차적 의미
(Myth/Ideology)</th></tr>
<tr><td>이미지</td><td>배경
모델
상품
기타</td><td></td><td></td><td></td><td></td></tr>
<tr><td>광고
문구/
음악</td><td>광고
문안</td><td></td><td></td><td></td><td></td></tr>
</table>

바르트는 의미작용의 최종 단계를 신화라고 가정하였는데 바르트의 신화 개념은 사회에 널리 퍼져 있는 지배적인 사상, 지배적인 이데올로기를 뜻한다. 즉 사회적 통념이나 가치, 신념 또는 이데올로기 등과 같이 한 문화의 사회적 현실을 이해하고

설명하는 방식을 말한다. 원시사회의 신화가 천지창조의 신들과 하늘과 땅, 불과 물, 동물과 사람, 선과 악에 관한 것이라면 좀더 세련된 현대의 신화는 부와 명예, 출세, 남성적인 것과 여성적인 것, 가족, 결혼, 행복, 국가 등에 대한 가치 체계나 믿음, 신념 등과 같은 것으로 바뀌었을 뿐이다.[49][50]

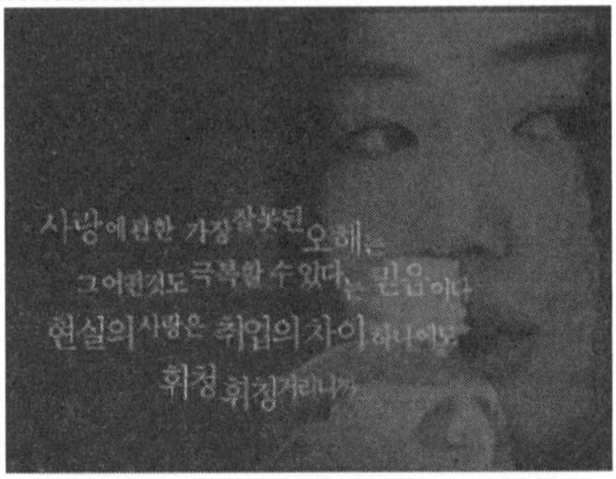

---

49) 마정미, 광고가 만드는 신화, 이데올로기, http://blog.naver.com/3sang4/40020262864

50) 광고를 기호학적으로 분석한 실례들 중에 이남표는 "기호학과 의미" 중 '2% 부족할 때'에서 상세히 기술하고 있다. http://blog.naver.com/deepur/2008099689

※텍스트 구성 구조

<table>
<tr><td rowspan="6">대하</td><td>1) 지성의 제안과 지현의 거부</td></tr>
<tr><td>인성 : (꽃집에서 노란 장미 꽃을 고르며 지현에게 핸드폰을 건다)어 지현아. 어제는 내가 정말 미안했다. 야, 그.. 그렇다고 소심하게 전화를 안 받냐?
지현 : 어, 좀 바빴어.
인성 : 내가 오늘 너 좋아하는 걸고 시-원하게 팍팍 쏠게.
지현 : 나 오늘 안 돼. 늦게까지 일해.
인성 : 야! 누군 왕년에 일 안 해 봤냐? 허허.. 참.. 허허.. 안해 봤네.
지현 : 나중에 전화하자.
인성 : 너 매일 일만하고 살어. 다 먹고 살자고 하는 건데 뭘..</td></tr>
<tr><td>2) 지현과 능력있어 보이는 남자와의 대화</td></tr>
<tr><td><음악.. 반대편 길 건너.. 둘이 가는 지현과 회사 상사(?).. 2% 흘리며 먹는 인성>
남자 : 남자 친군 아직 취직 못했어? (두 사람은 블랙 정장이다)
지현 : 예.. ㅎㅎ (멋쩍은 듯이 그리고 뭔가 있는 표정으로 머리 넘긴다)
<꽃이 떨어져 밟히며></td></tr>
<tr><td>3) 지현과 인성의 갈등이 최고조로 당화는 대화</td></tr>
<tr><td><장면전환 : 전철역>
지현 : 어 인성아.
인성 : 일 많다며? 연애질도 일이냐?
지현 : 오버하지마!
인성 : 왜 내가 창피해, 한심해 (시끄러), 불쌍해?
지현 : 너 뭐야.. 니가 뭔데 나한테 큰소리야. 레스토랑에서 저녁 한번 근사하게 사 준적 있어? 니가 남들처럼.. 자가</td></tr>
</table>

	용 타고 날 어디 데려다 줘봤어? 내가 일한다고 해놓고 따른 남자랑 만나니까 미치겠어? 니 눈으로 확인해보니깐.. 열 받아? 열받어.. 열 받어? 놔. 놔!! <인성을 때린다> 자존심은 있나보지. 너 자존심은 있냐? 정신 똑바로 차려! 사랑이 밥 먹여줘? (떨어지는 2%) [사랑을 100% 믿으면 바보다] 인성 : 거짓말 하는 것들은 사랑할 자격도 없어. 시.. 지현 : 사랑만 갖고 사랑이 되니.
독백	<사랑은 언제나 목마르다. 2% 부족할 때> 너만을 평생 사랑해 라는 말을 믿는 사람은 바보다. 상대방을 보고 가슴이 뛰는 기간은 이 세상의 어떤 연인도 2년을 넘기지 못하니까..우리는 항상 새로운 사랑과 이별을 준비해야 한다.

＊컨텍스트별 분석

1	제안과 거부의 대립이 점차로 심화되고 있으며 갈등을 일으킨다.
	대화 방식은 인성이 제안하고 지현이 거절하는 내용을 담고 있다. 인성이 행한 제안의 의사소통적 강도는 점차로 저자세로 확대되지만 지현의 거부의 강도는 점차로 고자세로 발전한다.
2	컨텍스트 3에서 일어날 갈등 2의 동기가 되는 취업에 대한 대화가 오고 간다
3	인성과 지현의 갈등이 최고조로 달하는 극한 대립을 보여주고 있다
	이상적 사랑 : 거짓말 하는 것들은 사랑할 자격도 없어
	현실적 사랑 : <레스토랑에서 저녁 한번 근사하게 사 준적 있어? 니가 남들처럼.. 자가용 타고 날 어디 데려다 줘봤어?>

사건이 일어난 공간과 대화의 내용 속에는 기호학적 이분법의 대립 (제안과 거부의 대립, 취업과 실업의 대립, 거짓말과 자존심의 대립)이 담겨있다.

✻콘테스트별 공간 위치

<table>
<tr><td rowspan="2">1</td><td colspan="2">위치적 차이로 인한 핸드폰 사용</td></tr>
<tr><td colspan="2">인성의 이상 (꽃집)과 지현의 현실 (직장)사이의 교량적 역할로 핸드폰 사용이라는 소통적 차원의 담론을 가능케한다.</td></tr>
<tr><td rowspan="2">2</td><td colspan="2">거리 : 취업과 실업이 교차하는 곳이며 경제적 차원의 담론이 가능한 곳</td></tr>
<tr><td colspan="2">거리는 거리는 오로지 현실적인 인간들 (직장을 가진 경제적능력을 가진 자)의 공간으로 존재하며 인성은 서사 영역에서 배제되어 방관자적 역할로 등장한다.</td></tr>
<tr><td rowspan="2">3</td><td colspan="2">전철역 :현실과 이상의 팽팽한 긴장감이 구두언어적으로 표현되는 장소</td></tr>
<tr><td colspan="2">지현과 인성의 접촉거리는 원거리에서 근거리, 그리고 아주 밀접한 거리로 발전하지만 이 밀접한 거리는 단지 육체적인 거리일 뿐 실존적으로 더욱 멀어지고 관계가 소원해 감을 보여주는 하나의 아이러니다.</td></tr>
<tr><td colspan="3">비구두언어적 영역</td></tr>
<tr><td colspan="3">동작소 : 텍스트에서 나타난 몸짓 커뮤니케이션의 내용을 읽어내는 것이다. (몸짓과 손짓, 표정, 시선, 자세 및 개인간의 접촉 등)</td></tr>
<tr><td rowspan="2">인성</td><td>1) 꽃을 고른다</td><td rowspan="2">3)을 위한 전제적인 몸짓</td></tr>
<tr><td>2) 핸드폰을 건다</td></tr>
</table>

<table>
<tr><td></td><td colspan="2">3) 제안한다</td><td rowspan="2">기호학적 이분법 창출</td></tr>
<tr><td>지현</td><td colspan="2">4) 거부한다</td></tr>
<tr><td>지현, 직장상사</td><td colspan="2">5) 걷는다</td><td>다정하게 둘이 걷는다</td></tr>
<tr><td>지현</td><td colspan="2">6) 멋쩍은 듯 머리를 넘긴다</td><td>남자친구가 실업자인데 대해 창피스런 감정이 드러나는 몸짓</td></tr>
<tr><td rowspan="3">인성</td><td colspan="2">7) 2%를 흘리며 마신다</td><td>6)과 대립되는 동작</td></tr>
<tr><td colspan="2">8) 지현과 남자를 목격한다</td><td rowspan="4">갈등의 동기와 갈등들이 표현</td></tr>
<tr><td colspan="2">9) 꽃이 떨어진다</td></tr>
<tr><td>지현</td><td colspan="2">10) 놀란다</td></tr>
<tr><td>인성, 지현</td><td colspan="2">11) 화내며 말싸움을 한다</td></tr>
<tr><td colspan="4">직시소 : 공간이나 시간 속에 대상이나 사건의 위치를 부여하는 표현적 요소를 말한다.</td></tr>
<tr><td rowspan="2">사회적 직시소</td><td colspan="2">A와 C는 같은 또래의 어투로, 단원 B는 경어</td><td>인칭에 따른 표현을 통해 텍스트에 등장한 인물들의 관계를 유추</td></tr>
<tr><td colspan="3"><팍팍 쓸게>, <오버하지마>, <열 받어></td></tr>
<tr><td>장소적 직시소</td><td>상징적 특성</td><td>꽃집</td><td>만남과 이별, 그리고 기쁨과 슬픔의 상징들을 파는 곳으로 인성의 이상을 위해 선택된 장소</td></tr>
</table>

<table>
<tr><td rowspan="3"></td><td rowspan="2"></td><td>길거리</td><td>현실을 직시하는 장소이며 지현의 현실적 사랑을 위해 선택한 장소이다</td></tr>
<tr><td>전철역</td><td>좀 더 도시적이고 젊은 층이 선호하는 장소 직시소로서 여기서는 전철역을 이별의 상징으로 선택</td></tr>
<tr><td colspan="3">길거리를 기준으로 꽃집과 전철역은 이상과 현실, 만남과 헤어짐, 설렘과 두려움이 공존하는 장소이다. 그런데 꽃집에서는 이상, 만남, 설렘이 선택되고 전철역에서는 현실, 헤어짐, 두려움이 선택된다. 기호학적 이분법의 선택</td></tr>
<tr><td rowspan="3">인물직시소</td><td>인성, 지현</td><td>연인이자 친구</td><td></td></tr>
<tr><td>남자</td><td>둘 사이의 이상-현실 조정자</td><td>인성에게는 방해자, 지현에게는 조력자</td></tr>
<tr><td colspan="3">미취업 상태인 인성의 캐주얼한 복장과 사무직종의 옷차림의 검은 복장을 대립을 통해 직장을 가진 사람과 실업자 간의 이분법 표현</td></tr>
<tr><td colspan="4">상징소 : 사회문화적 의미의 이야기를 말한다.</td></tr>
<tr><td>꽃이 떨어져 밟힌다</td><td>카메라 샷은 떨어져 땅위에 나동그래지는 꽃을 클로즈업</td><td colspan="2">이상에서 현실로의 움직임을 보여주는 상징소</td></tr>
</table>

	꽃	인성에게는 사랑이며 이상의 상징소
	인성의 손에서 땅으로 떨어짐	인성이가 지닌 사랑의 믿음이 차단된 것을 의미
소통적 측면		
제안	꽃을 사고 핸드폰을 거는 것	
거부	전화를 받지 않는 것, 늦게까지 일한다는 것	
오해	다른 남자를 만나는 것	
갈등	서로 다투는 것	

3) 문학에서의 기호학

문학 특히 민담을 기호학적 측면에서 분석할 때 가장 많이 거론되는 것이 바로 그레마스의 행위자 모델이다. 소련의 형식주의자 블라디미르 프로프는 여러 나라의 민담이 등장인물과 성격과 관계없이 모든 이야기에 공통된 31가지의 기능이 있음을 밝혀냈고[51] 그레마스[52]는 프로프의 이 분석을 토대로 행위

51) 박정자는 다음과 같이 31가지 요소를 말하고 있다 :
1. 이야기는 가족 묘사로부터 시작된다. 2. 서막에 이어 멀리 떠남 혹은 금지의 기능이 이어진다. 3. 금지는 위반된다. 4. 침입자가 정보를 수집하려 한다. 5. 그는 정보를 얻는다. 6. 침입자가 희생자를 속이려 한다. 7. 희생자는 순순히 속임을 당한다. 8. 침입자의 악행. 9. 악행은 폭로되고, 사람들은 진짜 영웅에게 부탁한다. 10. 영웅은 행동하기를 수락한다. 11. 행동 개시. 영웅이 출발한다. 12. 증여자의 첫 번째 기능이 시작된다. 13. 영웅이 반응을 보인다. 14. 마술적인 물건이 영웅에게 주어진다. 15. 영웅은 추구하는 대상 가까이 간다. 16. 영웅과 침입자가 만나 싸움을

자 모델을 만들어냈다.

그레마스의 이론에 따르면 문학작품에 등장하는 인물들은 자신이 맡은 역할과 상호간의 관계에 따라 다음 여섯 개 행위자[53]의 상호 관계로 나타난다고 말하고 있다:[54]

벌인다. 17. 영웅은 어떤 증표를 받는다. 18. 침입자가 싸움에서 진다. 19. 최초의 악행이 바로잡아지고, 부족했던 것은 충족된다. 20. 영웅이 돌아온다. 21. 영웅이 추격을 받는다. 22. 영웅이 구출된다. 23. 영웅이 아무도 못 알아보게 변장한 후 자기 집에 돌아온다. 24. 가짜 영웅이 나타난다. 25. 사람들이 진짜 영웅에게 어려운 임무를 시킨다. 26. 임무는 완수되고, 사람들은 진짜 영웅을 알아본다. 27. 영웅이 인정받는다. 28. 가짜 영웅이 탄로된다. 29. 영웅은 새로운 외모를 갖추게 된다. 30. 가짜 영웅이 처벌된다. 31. 영웅은 결혼하여 왕좌에 오른다.
박정자, 『기호학』, 2003.

52) 신정철은 그레마스의 기호학적 사변형에 대해 다음과 같이 말하고 있다 : "그레마스가 그의 논문, '기호학적 제약의 놀이'(*Les jeux des contraintes semiotiqués; Greimas & Rastier*, 1970,179-205)에서 의미작용의 기본구조를 표상하기 위해 고안된 일종의 모형이다. 의미작용의 구조 그 자체를 탐구하려 한 그레마스는 의미작용의 내부에는 의미가 나타나는 '기본구조'가 존재한다고 생각했다. 그 논리적 모델이 기호사각형으로 "하나의 의미실질 혹은 의미범주(Semantic Categories)가 분절된 양상을 시각적으로 표현한 것으로 어떤 의미실질이든, 어떤 의미범주든 이 기호사각형을 통해 분절되고 시각적으로 표현할 수 있다"[1] 여기서 의미범주(혹은 의미실질)란 두 개념의 차이에도 불구하고 공통되는 더 큰 개념을 말하며, 분절된 양상이란 바로 반대관계, 모순관계, 함의관계의 세 가지 '차이의 관계'를 말한다. 기호사각형을 이항대립의 중첩 형태로 본다면, 이항대립의 개념적 확장이 기호사각형이라고 말할 수 있다."
신정철, 그레마스의 기호학적 4각형, 광고커뮤니케이션론, 2008.

53) 모든 이야기에는 이야기 안에서의 역할과 관계에 따라 규정되는 전형적인 인물들이 있다. 이 전형적인 인물을 그는 행위자(actant)라고 부른다.

54) 박정자는 행위자들을 다음과 같이 구분하고 있다:
무엇을 부족해 하는 사람이 destinateur(발송인, 전달자, 발신자)이고 그가 부족해 하는 대상은 objet(대상, 원하는것)이다. 이 '대상' 혹은 '원하는것'을 획득하는 사람은 destinataire(수신자, 수용자)이다. 탐구의 모험

송신자 → 송신자 대상 ← 수신자

↑

원조자 → 주인공 ← 반대자

그렇다면 이러한 그레마스의 행위자 모델 분석이 과연 민담에 적용이 되는지를 알아보기 위해 다음의 예를 들어보자.

이것은 <바람, 폭풍 그리고 삭풍>이라는 제목의 리투아니아의 전래동화인데 줄거리는 다음과 같다:

> 아주 먼 북쪽지방에 눈으로 덮혀 있는 나라에 나이가 든 현명한 왕이 살고 있었습니다. 그는 수천 개의 크리스탈로 만든 창문이 있는 왕궁에 살고 있었는데 각 창문 뒤에는 푸른 빛이 도는 별들로 반짝거렸어요. 왕에게는 세 명의 아들이 있었는데, 제일 큰 아들인 바람은 아버지처럼 현명하고 침착한 성격을 가지고 있었어요. 둘 째인 폭풍은 천둥처럼 과격한 성격을 지녔죠. 그리고 가장 나이가 어린 막내는 삭풍은 그다지 좋은 성격을 가지고 있지 않았어요. 그는 난폭하고 못되었고 자신이 가지고자 하는 것을 얻기 위해서는 어떤 수단과 방법을 가지지 않았죠.
>
> 나이가 든 왕은 나라를 다스리는데 지쳤어요. 하긴 300년 동안 왕으로서 나라를 통치해왔으니 지칠만도 하죠. 그래서 왕은 자신의 크리스탈 왕국과 모든 땅을 세 명의 아들들 중

을 통해 부족에서 획득으로의 이행을 실행시키는 사람은 heros(영웅, 주인공, 주체)이다. 탐구를 도와주는 사람은 adjuvant(원조자, 도와주는자)이고, 탐구를 방해하는 사람은 opposant((반대자, 방해하는 자)이다.

한명에게 물려줄 것을 결심했어요. 하지만 누구에게 왕의 자리를 넘겨줘야 할까요?

<세 아들들 중 왕국을 다스리는데 가장 훌륭한 능력을 보여주는 아들에게 왕의 자리를 물려주겠노라.> 왕이 결심했죠. 그리고 아들들을 불렀어요. 그리고는 세 명의 아들들에게 각가 3뒤카를 주며 말했습니다.

<너희들 중 가장 적은 시간 안에 이 돈을 가지고 가장 많은 돈을 벌어오는 아들에게 왕의 자리를 물려주겠노라>

제일 먼저 왕국을 떠난 아들은 삭풍인 벤자민이었어요. 그가 지나가는 곳에는 어김없이 차가운 얼음자국이 남았죠. 그는 마을을 날아다녔고 호수와 강, 그리고 아주 작은 시냇물조차 전부 얼게 만들었어요. 마을 위로 날아가면 마을의 샘들도 모두 얼어버렸죠. 어느 날, 한 마을 근처를 지나가고 있었는데, 길에서 마차와 마주치게 되었어요. 마차에는 축제에서 돌아오는 한 부자가 타고 있었는데 여우가죽로 만든 외투를 걸치고 있었습니다.

삭풍은 그에게 온 힘을 다해 세찬 바람을 불고 소리쳤어요.

<나에게 3뒤카를 주지 않으면 너를 뼈까지 얼려버릴테다!>

그러나, 양털로 만든 두꺼운 귀마개를 하고 있었던 상인은 삭풍의 말을 듣지 못했고 외투깃을 목까지 올려 찬바람을 피하려 했어요. 삭풍은 화가 머리 끝까지 나서 부자의 뼈속까지 얼게 하기 위해 찬바람을 더욱 세차게 불게 해서 여우 가죽으로 만든 외투를 뚫고 소매 속으로 바람이 스며들게 했어요. 반쯤 얼어버린 부자는 썰매 밑으로 굴러 떨어졌답니다.

<이런 ! 결국 저 부자 녀석에게 1뒤카도 못 얻어내고 고생만 했잖아. 에이!> 삭풍은 화가 난 채 다른 곳으로 날아갔습니다. 숲 근처에서 삭풍은 나무 밑뚱을 자르고 있는 나뭇꾼을 발견하였습니다.

<이번에는 저 녀석에게 1뒤카를 뺏을 수 있겠지> 삭풍은 나뭇꾼을 살펴보고 중얼거렸어요.

그렇지만 나뭇꾼이 어찌나 바쁘게 도끼를 휘두르던지 삭풍은 어느 순간에 나뭇꾼을 붙잡아야 할 지 알지 못했어요. 나뭇꾼은 털로 만든 외투와 장갑을 벗고는 추위로부터 자신이 자른 나무를 맨손으로 굴리려 했죠.

<아하! 이제 기회를 잡았구먼!> 삭풍은 땅바닥에 있던 장갑 속으로 들어가면서 속으로 쾌재를 불렀어요.<네가 장갑을 낄 때, 네 손가락들은 얼름덩이처럼 딱딱해질 것이다>.

그리고 실제로 장갑은 순식간에 얼음조각으로 변해 돌처럼 딱딱해졌어요. 나뭇꾼은 마지막 나무를 굴린 후에 집으로 돌아가고 싶어졌어요. 외투를 다시 입고 양털로 짠 모자를 머리에 쓰고는 장갑을 끼려고 했죠. 그런데, 장갑이 뿔처럼 딱딱한 것이 아니겠어요.

<이런! 이거 꼭 뼈 같잖아. 장갑이 이래가지고는 손을 따뜻하게 하지 못하겠는걸. 비벼서 장갑을 좀 부드럽게 해야겠다.>

그는 장갑을 나무 밑둥에다 내려놓고는 도끼로 장갑을 내려

치기 시작했어요. 장갑 안에 있던 삭풍은 거의 죽을 뻔 했죠. 걸음아 나 살려라 하고 급하게 장갑에서 도망나오는 바람에 아버지가 주었던 3뒤카마져 길에 떨구고 말이죠. 이런 고생을 한 후에 삭풍은 더 이상 돈을 얻으려 다니고 싶은 생각이 없어졌고 창피스럽게 생각으로 집으로 돌아왔어요.

<그것 보거라, 아들아!> 왕이 자신의 아들을 맞아들이면서 슬프게 말했어요.

<내가 너에게 주었던 돈도 잃어버리고 마음의 상처만 입었구나. 그래도 적어도 열심히 일하는 사람이 거친 손을 가지고 있다는 것은 배웠겠지! 이것을 잘 기억해두거라! 우린 백성들을 도와주어야지 해를 끼쳐서는 안된다는 것을>

두 형들은 머리를 끄덕이며 아버지의 말에 동의했고 막내를 진혀 혼내지 않았어요.

<자, 이제 내가 아버지와 형 그리고 동생에게 백성을 도와주어야 하는 방법을 보여줄께요.> 둘 째인 폭풍이 성 밖으로 날아가면서 말했어요.

폭풍은 농부에게 도와주겠다고 제안했죠.

<안될 것도 없죠?> 농부가 말했어요. <그러면 일이 조금 더 빨리 끝날 수 있을테니까요>

그런데 웬걸요! 폭풍이 바람을 너무 세게 불어서 농부가 수확해놓은 곡식이며 이삭, 그리고 모래까지 포함해서 사방으로 흩어져 버렸어요. 그리고 이게 다가 아니었죠! 심지어 헛간

지붕이 멀리 밭까지 날아가 버렸답니다. 농부가 소리를 질렀지만 이미 소용이 없었어요. 이 무슨 날벼락이에요. 수확한 곡식들과 헛간 지붕이 날아가 버렸으니 말이에요. 폭풍은 농부에게 영주에게 가서 이 사실을 폭로하지 못하게 하기 위해 1뒤카를 주었답니다.

그리고 폭풍은 바다로 갔어요. 마침 항구에는 어부들이 고기를 잡으러 가기 위해 돛대를 펴고 있었죠.

<어부들이여, 내가 너희들이 항해하는데 도움을 주겠네> 폭풍은 이처럼 말하고 있는 힘을 다해 바람을 불렀죠. 그 바람에 돛이 부러지고 배는 번개 같은 속력으로 강 멀리 날아가 버렸어요. 어부들은 노를 잡을 시간조차 없었구요. 배는 바위로 곧장 날아가더니 부서지고 말았어요. 어부들은 자신을 돕겠다고 한 폭풍에게 불만을 터뜨렸고 그가 부순 배를 수리하기 위해 1뒤카를 내놓으라고 요구했어요. 그리고, 또 다시 폭풍이 사고를 치는 것을 막기 위해 쇠로 만든 줄로 폭풍을 바위에 묶어놓았답니다.

<실수를 만회하기 위해 내가 무엇인가를 해야지> 폭풍이 속으로 말했어요.

<내가 방앗간에 있는 풍차의 날개에 하루 종일 바람을 불어주면, 그 보답으로 나에게 무엇인가를 줄꺼야>

<그러나, 이번에도 폭풍은 성공하지 못했어요. 그만 풍차 날개 반대 방향으로 바람을 세게 부는 바람에 날개가 날아가 부서지고 말았죠.

방앗간 주인은 너무도 실망이 커서 머리를 쥐어 뜯었어요. 그리고 역시 피해보상으로 1뒤카를 폭풍에게 요구했죠. 폭풍이 무엇을 할 수 있겠어요? 결국 마지막 남은 1뒤카를 방앗간 주인에게 주고 빈손으로 왕국으로 돌아왔답니다.

왕은 둘 째 아들이 저지른 실수를 듣고는 슬프게 머리를 흔들더니 말했어요:

<폭풍아, 너는 사람들을 도와줄 마음은 가득했지만 그것을 조용히 실천할 능력이 없구나. 너는 네가 저지른 바보짓을 보상하기 위해 더 비싼 대가를 치루었지 않니!>

<큰 아들은 자기 차례가 되자 왕궁 밖으로 날아갔어요. 첫 날, 그는 작은 마을에 도착했어요. 그곳에서는 마을 사람들이 밀을 수확하고 있었고 온 가족이 헛간 앞에서 밀알을 줍고 있었죠.

<바람은 밀을 타작하는 곳으로 내려가 조용히 바람을 불었는데, 파리떼가 날개짓을 하는 것처럼 헛간에서 멀리 떨어진 짚더미를 날아가게 했어요.

농부는 그저 잘 익은 밀알을 부대자루에 담아 넣기만 하면 되었어요. 농부들은 그렇게 저녁까지 일을 했는데. 일을 끝냈을 때는 여름 내내 고생하며 키웠던 밀을 부대자루에 넣고 방앗간에서 찔 준비가 되었죠.

<내가 내일 방앗간에 밀을 가져가 빻을거야. 그리고 바람

님, 정말 고맙습니다. 당신의 도움이 없었다면, 우린 이번 주말 이전까지 일을 다 끝내지 못했을 거에요> 농부는 아주 만족스러운 듯 말했어요. 그리고 농부는 바람에게 금화 1뒤카를 주었죠. 계속 길을 가던 바람은 두 번째 되던 날, 바다 근처에 있는 배를 보았어요. 선원들이 젖먹던 힘까지 배를 저으려 했지만 물건을 워낙 많이 실은 배는 달팽이처럼 아주 느리게 움직일 뿐이었죠. 얼뜻 보기에는 제자리에서 꼼짝도 하지 않는 것처럼 보였답니다. 바람이 부드럽에 불자, 선원들은 재빨리 돛을 올리고 어려움 없이 저녁에 배가 항구까지 닿을 수 있었어요. 선원들은 너무도 기뻤고 바람의 도움에 감사하며 2뒤카를 주었어요.

세 번째 되던 날, 바람은 나지막한 언덕에 도착했는데 그곳에서는 풍차가 돌고 있었죠. 바람이 하나도 불지 않아 풍차의 날개는 그대로 멈춰있었어요. 불쌍한 방앗간 주인은 언덕 꼭대기까지 올라가, 하늘을 쳐다보았지만 여전히 바람이 불 기미가 보이지 않았죠. 바람이 서서히 불기 시작하니까 풍차의 날개가 돌기 시작했어요. 바람은 저녁까지 풍차가 돌 수 있도록 입김을 불어 넣었고 풍차날개가 너무 잘 돌아 방앗간 주인은 겨울 내내 온 마을 사람들이 먹고 남을 정도의 밀가루를 빻을 수 있었죠. 방앗간 주인은 너무도 만족하여 바람이 마을을 떠나려고 할 때 감사의 표시로 3뒤카를 주었어요. 바람이 왕궁으로 돌아와 아버지 앞에다 자신이 수고비로 받았던 금화들을 보여주었어요. 아버지가 왕궁을 떠나기 전에 주었던 돈과 바람 자신이 사람들을 도와주고 감사의 표시로 받은 돈을 말이죠. 그리고 어떻게 사람들을 도와주었는지를 이야기했어요.

왕은 바람을 칭찬하며 아주 만족한 듯 머리를 끄덕이면서

세 아들에게 말했어요 :

<너희들 스스로가 너희들 중에서 누가 제일 일을 잘했는지 알 수 있을 것이다. 그래서 나는 큰아들인 바람에게 나의 눈의 왕국과 크리스탈 왕궁을 물려주겠다. 아마 바람이라면 틀림없이 현명하고 올바르게 나라를 잘 다스릴 수 있을 것이다>. 말이 끝나자마자 왕은 큰 아들인 바람에게 왕 자리를 넘겨주었죠.

너무도 화가 난 폭풍은 발걸음을 돌려 왕궁을 나왔어요. 이날 이후로 폭풍은 한 곳에 머무르지 않고 길을 잃은 사람처럼 온 세계를 떠돌아다닌답니다. 삭풍은 그래도 좀 나아졌어요. 모험을 하고 난 후, 삭풍은 세상을 돌아다니며 호수나 강물을 얼게 만들고, 언덕 위에서 눈을 내리게 하여 아이들이 미끄럼을 타거나 스케이트나 스키를 탈 수 있게 해주었으니까요. 그리고, 아이들이 기쁘시 소리를 지르는 것을 듣고 나면, 자신의 얼음 왕국으로 아주 만족하여 돌아간답니다.

먼저 이야기를 시작하는 기능을 하는 것은 왕이다. 왕은 자신에게 부족한것(나라를 다스리는데 있어서의 지침)을 밝히고, 여기서 추구의 대상은 왕권이다(왜냐하면 왕은 세 왕자들 중 나라를 다스리는데 있어 가장 훌륭한 능력을 갖춘 이에게 왕위를 물려주겠다고 했으므로). 그러므로 왕은 송신자이고, 그의 대상은 왕권이다. 그러나 왕은 수신자도 될 수 있는데 왕위를 물려받기 위해서는 자신이 훌륭한 능력을 갖추고 있다는 증거를 왕에게 가져와야 하기 때문이다.

한편 많은 돈은 추구의 대상이다. 3뒤카의 돈을 가지고 가장 많은 돈을 벌어오는 왕자가 나라를 다스릴 훌륭한 능력을 보여주는 척도가 되기 때문이다. (왕에게는 왕위 이양을 통한 휴식을, 왕자에게는 왕권을 준다). 큰 아들인 바람은 결핍된 대상을 찾아 나서는 주인공이다. 그러나 동시에 수신자이기도 하다. 왜냐하면 그에게 있어서 추구의 대상은 왕권을 물려받기 위함이기 때문이다. 둘째와 막내는 이야기 도입부에서는 잠재적 주인공이었다. 그러나 주인공으로서의 자격을 상실한 후 그들은 장남의 반대자가 되었다.

장남은 이야기의 주인공인데 이야기 앞에서 세 아들의 성격을 표현하는 가운데 현명하고 침착한 성격을 가지고 있다는 표현에서 이미 왕위를 물려받아야 하는 주인공이라는 암시가 내포되어 있다. 농부, 선원 그리고 방앗간 주인은 주인공인 장남인 바람의 원조자(조력자)이다. 반면 부자, 나뭇꾼은 막내인 삭풍의 반대자이며 농부, 선원, 방앗간 주인은 폭풍의 반대자인데 왜냐하면 이들은 둘째와 막내가 왕위를 물려받기 위한 행위에 장애물로 간주되기 때문이다. 그러나 이들은 이들이 반-영웅으로서의 역할을 할 때는 이들의 원조자가 된다.

전래동화, 민담, 영웅 이야기를 포함하는 문학 장르 뿐 아니라 모든 텍스트 분석의 대상이 되는 요소들에서 공통점은 설화성이다. 우리나라 드라마 중에서 매우 인기를 끌었던 <청춘이 덫>을 생각해보자. 가난하여 성공과 부를 갈망하는 남자1와 그런 남자를 성공시키기 위해 헌신적인 삶을 사는 여자1, 부와 성공을 갖춘 남자2와 그의 여동생 여인2가 등장한다. 이 줄거리 초반은 바로 가치가 부여된 어떤 대상이 있고, 이것을 소유한 사람, 혹은 소유하지 못해 박탈감과 상실감을 느끼고 있는 사람이 있는 상태에서 출발한다. 그리고 남자 1이 여자 1을 배신하고 여자 2의 결합함으로써 여자 1은 상실감에 빠지면서 복수를 다짐하게 되고 결국 남자 2와 결합한다. 이 단계는 최초의 상태와 전혀 다른 새로운 상태가 되어 결핍이 소유로 바뀌는 과정을 겪는다 (여자2를 만남으로써 남자 1은 성공과 부를 거머쥐게 되고 여자 1은 복수를 위해 남자 2를 만난다). 우리는 거기에 설화성이 있다고 말한다. 설화성이란 이야기(recit)가 들어 있는 것을 말한다. 그럼 이야기란 무엇인가? 서로 정반대가 되는 최조의 상태와 최후의 상태가 존재한다는 것이다.

4) 만화와 기호학

만화를 기호학적 차원에서 분석하는 경우 흔히 세 가지 관점에 중점을 두는데 그것은 바로 도상, 지표, 상징이다.

① 도상

우리가 앞에서 살펴보았듯이 도상이란 유사성에 중요성에 초점을 맞추는데 여기서 유사성이란 단지 시각적 이미지 뿐만 아니라 소리나 음성 같은 것이 포함되는데 만화에서 먼저 인물을 도상화 시키는 경우 흔히 과장 또는 축소의 외형적 변형을 준다. 구체적으로 캐릭터에게 부여되는 역할에 따라 신장이나 신체 비율을 과정하거나 축소하는데 예를 들어 전쟁 영웅이나 액션 장르에서 등장인물을 부각시키기 위해 근육을 신체 균형에 비해 과대하게 부풀린다거나 놀란 장면을 묘사하기 위해 눈을 과장되게 크게 그린다. 그런가하면 농구 만화에서 캐릭터들의 신장의 차이를 두드러지게 하기 위해 과도하게 길게 그리거나 짧게 그리기도 한다.

소리의 경우는 그림보다는 텍스트로 표현하는 경우가 대부분인데 특정 효과음에 해당하는 소리를 글로 표현한다. 예를 들어 야구 만화에서 공이 날아가는 소리를 '쉬익'이라고 표현한다던가 방문이나 창문이 조용히 열리는 것을 "스르르륵"이라고 쓴다. 특히 소리 표현을 다양하게 쓰거나 글자 크기를 통해 특별한 장면을 강조한다거나 상황의 위급성을 강조하는 경우가 많다. 예를 들어, 자동차가 급 브레이크를 밟아야 하는 긴박한 상황을 표현하기 위해 "끼끼끼끼긱" 이라고 쓰면서 마지막 글자를 크게 써서 절체절명의 순간에 차가 멈추었다는 것을 암시한다.

② 지표 (index)

하나의 기호가 어떤 역동적 대상과 갖는 실재적 관계에 힘입어 부각될 때 그 기호를 지표라고 하는데 예를 들어, 퀭한 눈과 바싹 마른 얼굴 형태, 또는 입가에 피를 흘리는 경우, 그리고 창백한 주인공이 내는 "쿨럭 쿨럭"이라는 의성어의 문자 표기를 본 사람은 주인공이 병에 걸렸다는 것을 짐작할 수 있는데 바로 이 모든 것이 기호가 된다. 이처럼 지표는 만화에서 의성어적 문자 표현 또는 외모의 형태의 그림에서뿐 아니라 그림 자체에 의해서도 나타나는데 예를 들어, 청소년 만화에서 밤에 길거리를 배회할 때 밤거리에 화려한 조명의 클럽 간판이나 PC 방 묘사 그림들은 방황하는 주인공의 심리상태를 암시해준다. 또한 특히 일본 학원물의 만화에서 자주 등장하는 두 고등학교의 교복을 입은 학생들이 만났을 때 교복의 차이는 공부를 잘하기로 유명한 학교의 학생들과 말썽으로 소문난 학교의 학생들이라는 것을 짐작케 한다.[55)]

③ 상징 (symbol)

상징에서 기표와 기의의 관계는 임의적이며 여기서는 해석자가 의미작용의 관계를 성립시키기 위해 적극적으로 개입해야 한다는 조건이 요구된다. 그렇다면 만화에서는 어떠한 것들

---

55) 지표는 야콥슨에게 있어서는 환유와 비교될 수 있는데 야콥슨은 실어증에 대한 언어학상의 문제에 대해서 수사학상의 기본적인 두 종류의 비유인 은유와 환유에 뚜렷이 연관되어 있다고 말하고 있다. 은유는 문자 그대로의 주제와 그 은유상의 대용물 사이에 어떤 유사점이나 유추관계가 있다고 보아지는데서 성립되며 (the car beetled along: 그 차는 딱정벌레처럼 전진해 갔다) 환유는 문자 그대로의 주제와 이것에 인접하는 대체물 사이에 인접적인 연상이 있다고 보는데서 성립된다고 말하고 있다 (the White House considers a new policy : 백악관이 새로운 정책을 검토한다).
오원교 (번역), 『구조주의와 기호학』, 신아사, 2007. p.92-93.

이 상징을 나타내는 요소들로 기능하는가를 살펴보자. 먼저 선의 사용을 들 수 있는데 선의 종류나 굵기에 따라 묘사되는 대상의 상태나 상황을 강조해주는 상징적 부호로 사용될 수 있다. 예를 들어 선이 굵은 경우 장면에 등장한 대상을 강조하는 것이며 선이 가는 경우에는 상대적으로 대상의 역할이 미약함을 나타낸다.

이 밖에도 빗금은 다음과 같은 중요성을 갖는다.[56)]

> "a. 동작선은 움직임을 부호할 때 사용된다. 소리를 나타내는 기호와 같이 쓰이면 효과가 더 크게 나타난다. 혹은, 대상은 가만히 두고, 주변의 환경에 빗금을 가함으로서 움직임을 나타내기도 한다.
>
> b. 말풍선과 같은 역할을 할 수 있다. 대개 생각이나 마음속으로 전달되는 괴이한 음성을 표현할 때 쓰인다.
>
> c. 집중성, 방향성을 나타내기도 한다. 어느 한군데로 집중된 빗금은 빗금의 안쪽 끝으로 시선을 집중시키는 역할을 한다.
>
> d. 대상에게 가해진 빗금은 감정의 변화나 고통을 드러내주기도 하며, 대상의 주위에 다양한 형태로 가해짐으로서 대상의 행위나 상태를 나타내 주기도 한다. 냄새가 나는 대상에게는 물결치는 빗금을 그어준다던가, 숨을 세게 내쉬는 대상의 입 주위에 넣는 빗금은 그러한 행위를 강조시켜 준다. "

이 밖에도 칸은 시간과 공간을 나누는 일종의 일반적인 지

---

56) 만화를 기호학적 관점에서 분석한 것으로 매우 유용한 책으로는 이수린의 『만화기호학』(씨엔씨레볼루션, 2004)를 들 수 있다.

표의 역할을 하는데 칸은 그 크기와 모양이 다양하며, 이 안에는 만화의 어휘에 속하는 모든 종류의 부호(아이콘)를 그려 넣을 수 있다. 칸의 크기와 모양의 차이가 칸 속에 담긴 의미를 확장시키거나 축소시킬 수도 있다. 예를 들어 같은 장면을 그려 넣었더라도 너비가 더 긴 칸이 강조되어 보일 수도 있으며, 시간의 흐름을 더욱 길어 보이게 할 수도 으며 반대로 칸의 경계선이 없는 칸은 시간이 멈춘 듯 한 느낌을 준다.

칸배치는 서사적 만화의 경우에 특히 중요시 되는 개념이다. 이는 책을 읽는 관습과 상관관계를 가지며, 칸의 배치에 따라 시선을 움직이는 수신자들은 그로 인해 만화의 시간적 흐름을 읽을 수 있게 된다. 만약 만화의 칸이 홈통 없이 페이지의 모서리 끝까지 자리잡게 되면, 시간은 더 이상 닫힌 칸이라는 낯익은 부호에 묶이지 않고 끝없는 시간의 공간 속으로 달아나게 된다.

말풍선은 시각매체인 만화에 서사적 소리(말 언어)나 사고를 다양한 기호를 표현하는 부호적 장치로서, 칸처럼 다양한 형태와 크기가 존재한다. 말풍선의 모양만으로도 커뮤니케이션되는 메시지가 결정될 수 있다. 말풍선의 크기가 큰 것은 많은 메시지를 전달하거나 비중이 큰 부분일 때 사용되는데 일반적으로 '말 언어'를 표현하는 말풍선은 송신자(만화작가)의 스타일에 따라 틀리나 대개 동그랗거나 네모난 모양으로 나타난다.

생각풍선은 사고언어를 주로 표현하고, 뭉게뭉게 구름 같은 표현을 준다. 이는 생각할 때 뭔가 떠 있다는 느낌을 주는 것으로 '구름'이라던가 '연기'를 도상화한 것으로 보인다.

그 외 생각을 나타내거나 깜짝 놀랐음을 나타낼 때, 속마음을 표현할 때나 누군가가 마음속으로 전달하는 듯한 느낌을 주도록 하는 말풍선 등 다양한 기능을 한다.

색인표

3

ㄱ

ㄴ

ㄷ

ㅁ

ㅂ

ㅅ

ㅇ

ㅈ

ㅊ

ㅋ

ㅌ

ㅍ

ㅎ

<참고문헌>

<국내>

강영심 (1997)『학습장애아동교육의 이론과 실제 : 학습장애 아동이 학업능력 발달 특성』, 교육과학사, p.51-80.

권명광, 신항식 (2003)『광고 커뮤니케이션과 기호학』, 문학과 경제사, p.133.

김경용 (2001)『기호학이란 무엇인가』, 민음사.

김종문 (1990) "광고의 기호학적 분석방법에 관한 연구", 서울대학교 석사학위논문, 1990.

김형진 역 (1997) 조르주 장(Georges Jean).『기호의 언어』: 정교한 상징의 세계, 시공사.

박정순 (1995)『대중매체의 기호학』, 나남출판.

심상용 역 (1998) 프랑시스 라까생(Francis Lacassin).『제 9의 예술 만화』, 하늘연못.

안정오 역 (2001)『기호학의 전통과 경향』,인간사랑, p.66, 116.

이현우 (98) 광고 슬로건 및 브랜드 네임에 대한 언어학적 접근 연구, 한국방송광고공사 문서유형학술지논문, 40, p.125- 145.

장신재 (2004)『언어 학습과 교육 : 영어를 어떻게 배우고 가르칠 것인가』, 신아사, p.304-323.

한국기호학회 (1999) "언어와 기호", 기호학연구 제6집, 문학과 지성사.

<국외>

Akmajian, A. and R. Demers and E. Harnish. (1979) *Linguistics : An Introduction to Language and Communication*, Cambridge.

Barthes, R. (1957) *Mythologies*, Seuil.

Berstein B. (1964) *Aspects of language and learning in the genesis of the social processe, in Language in culture and society*, New York.

Bialystok, E. (1978) *A theoretical model of second language learning, Language Learning*, 28, p.69-83.

Chomsky, N. (1986) *Knowledge of Languages : its Nature, Origin, and Use*, New York.

Chomsky, N. (1988) *Language and Problems of Knowledge*, Cambridge.

Dyer, Gillian (1982) *Advertising as Communication*, London : Methuen.

Eco. U. (1976) *A Theory of Semiotics*, Bloomington.

Halliday, M. (1973) *Explorations in the functions of language*, London, Edward Arnold.

Jakbson, R.(1975) *Coup de l'oeil sur le développement de la sémiotique*, Bloomington.

Jean-François Dortier (2003) Langage et évolution : nouvelles hypothèses, *Article de la rubrique* « Enjeux » Mensuel N° 144, Les mouvements sociaux.

Leymore, Varda Langholz (1975) *Hidden Myth : Structure and Symbolism in Advertising*, New York : Basic Books.

McQuarrie, E, & D. Mick (1996) "Figures of Rhetoric in Advertising

Language", *Journal of Consumer Research*, 22(March), pp. 424-438.

Mick, David (1986) "Consumer Research and Semiotics : Exploring the Morphology of Signs, Symbols, and Significance," *Journal of Consumer Research*, 13, pp. 196-213.

Piaget, Jean (1968) *Structuralisme*, PUF.

Richards J.C., & Rodgers (1986) *Approaches and methods in language teaching*, Cambridge.

Robey David (1973) *Structuralism : An Introduction*, Clarendon Press.

Sale, Berlin : *Mouton de Gruyter,* pp. 441-461.

Williamson, Judith (1978), *Decoding Advertisements : Ideology and Meaning in Advertising*, London: Marion

Boyars(박정순 역 <1998>, 『광고의 기호학 : 광고 읽기, 그 의미와 이데올로기』, 나남).

Saussure F. (1974) *Cours de Linguistique Générale*, Fontana.

Sherry, John(1987) "Advertising as a Cultural System," in Jean Umiker - Sebeok (ed.), Marketing and Semiotics.

Whal François (1968) Qu'est-ce que le Structuralisme?, Seuil.

Van E K & Alexander, J.A. (1975) *Threshold level English*, Oxford, 1975.

정일영

인하대 불어불문학과 졸업
프랑스 파리 8대학 대학원 졸업
프랑스 파리 8대학 박사준비과정 수료
언어학 박사학위 취득
인하대학교 출강, 충북대학교 출강

저서

『프랑스어 문법』(공저)
『프랑스어 말소리 갈』(공저)
『디지털로 배우는 프랑스어 회화』(*Rendez-vous avec le français*)
『대학 프랑스어 회화』
『프랑스어능력시험(DELF) A1, A2, A1-Junior, A2-Junior, B1, B2
『프랑스어 문법사전』
『기초 프랑스어』
『오르세 미술관』
『루브르 박물관』
『삐딱이가 본 삐딱한 세상』(수필)
『생활 속의 프랑스어 회화』
『똥찌개와 까까』(수필)외 다수

언어의 이해

1판 1쇄 발행 • 2009년 3월 20일
1판 2쇄 발행 • 2019년 3월 20일

저 자 · 정 일 영
발행인 · 정 현 걸
발 행 · 신 아 사
인 쇄 · 대명프린팅
주 소 · 서울특별시 은평구 통일로 59길 4 (2F)
전 화 · (02) 382-6411 팩 스 · (02) 382-6401
홈페이지 · www.shinasa.co.kr
E mail · shinasa@daum.net

ISBN: 89-8396-063-9(93740)

정가 *10,000* 원